COMPILATION OF TYPICAL CASES
FOR REFINED TRAFFIC OPERATION OF URBAN ROADS

城市道路交通组织精细化典型案例汇编

第三辑

公安部交通管理科学研究所　组编

机械工业出版社
CHINA MACHINE PRESS

《城市道路交通组织精细化典型案例汇编（第三辑）》展示了数字化治理、空间动态优化、施工交通组织、交通安全改善、信号控制优化、交通设施提升以及片区交通组织等交通管理实战案例。书中选取瓶颈路段"可变车道+借道左转潮汐车道"的组合应用、占道施工全生命周期数字化管理、大型居住小区周边行人过街设施优化提升等实施效果明显的案例，从现状及问题分析、优化思路、优化措施、实施效果以及案例点评等方面对案例深入剖析，以案例的形式体现优秀、科学的交通管理理念和方法，从而进一步促进交通管理精细化。

　　《城市道路交通组织精细化典型案例汇编（第三辑）》适合交通管理者、科研院所专家、咨询设计单位从业人员等阅读使用。

图书在版编目（CIP）数据

城市道路交通组织精细化典型案例汇编. 第三辑 / 公安部交通管理科学研究所组编. —北京：机械工业出版社，2022.10
　ISBN 978-7-111-71555-9

Ⅰ.①城⋯　Ⅱ.①公⋯　Ⅲ.①城市道路-交通运输管理-案例-中国　Ⅳ.①U491

中国版本图书馆CIP数据核字（2022）第165723号

机械工业出版社（北京市百万庄大街22号　邮政编码100037）
策划编辑：李　军　　　　　责任编辑：李　军　王　婕
责任校对：韩佳欣　王　延　责任印制：李　昂
北京中科印刷有限公司印刷

2022年11月第1版第1次印刷
184mm×260mm·13印张·312千字
标准书号：ISBN 978-7-111-71555-9
定价：128.00元

电话服务　　　　　　　　　　网络服务
客服电话：010-88361066　　机 工 官 网：www.cmpbook.com
　　　　　010-88379833　　机 工 官 博：weibo.com/cmp1952
　　　　　010-68326294　　金 书 网：www.golden-book.com
封底无防伪标均为盗版　　　　机工教育服务网：www.cmpedu.com

编写组

主　编　顾金刚
副主编　刘东波　陈宁宁
参　编　钱　晨　祖永昶　李　娅　付　强
　　　　王建强　封春房　林　科　洪　波
　　　　修甜甜　卢　健　王婷婷　汤若天
　　　　华璟怡　司宇琪

特别鸣谢

北京市公安局公安交通管理局
唐山市公安局交通警察支队
邢台市公安局交通警察支队
大庆市公安局交通警察支队
南京市公安局江宁分局交警大队
苏州市公安局交警支队
苏州市吴江区公安分局交警大队
杭州市公安局交通警察支队
杭州市公安局交通警察支队滨江大队
宁波市公安局交通警察局
衢州市公安局交通警察支队
台州市公安局交通警察支队
合肥市公安局交通警察支队
福州市福清市公安局交通警察大队
聊城市公安局交通警察支队
武汉市公安局交通管理局
广州市公安局交通警察支队
广州市公安局交通警察支队番禺大队
重庆市公安局江北分局交通巡逻警察支队
自贡市公安局交通警察支队
昆明市公安局交通警察支队
西安市公安局交通警察支队
广东振业优控科技股份有限公司

前　言

　　城市治理是国家治理体系和治理能力现代化的重要内容。习近平总书记强调，一流城市要有一流治理，要注重在科学化、精细化、智能化上下功夫。既要善于运用现代科技手段实现智能化，又要通过绣花般的细心、耐心、巧心提高精细化水平，绣出城市的品质品牌。这就要求我们要适应城市发展新形势，坚持以人民为中心，提高城市治理现代化水平，推动城市高质量发展，为人民创造更加幸福的美好生活。道路交通是城市血脉，更需要用心提升精细化治理水平，满足人民群众品质出行的需求。

　　近年来，公安部持续推动道路交通事故预防"减量控大"工作，将道路精细化治理作为重要抓手。2022年，公安部发布了《城市道路交叉口精细治理提升工作方案》，着力以点带面推进城市道路交通精细治理提档升级。本书编写组在吸收第一辑、第二辑编写经验的基础上，从数字化治理、空间动态优化、施工交通组织、交通安全改善、信号控制优化、交通设施提升、片区交通组织等场景中遴选了25个典型案例，编写了《城市道路交通组织精细化典型案例汇编（第三辑）》，通过深入剖析案例的思路、措施和实施效果，展现交通治理的最新探索，总结经验和不足，为各地治理难点问题、服务群众出行提供了一些可借鉴的方法，持续助力城市道路交通治理实现通行安全和通行效率双提升的工作目标。

　　本书得到了国家重点研发计划项目"基于城市高强度出行的道路空间组织关键技术"（项目编号：2020YFB1600500）课题三"安全效率协同导向的道路交通设施与空间组织一体化设计"的支持和资助，并结合调研总结汇编形成典型交通场景案例指南。

　　由于编写人员水平有限，书中难免有不足之处，恳请广大读者批评指正。

编写组

2022年11月

目 录

前言

数字化治理

数据引领下的商业区"五化"综合治理 ...002
数字化赋能菜市场周边停车管理 ...014
学校区域停车动态调控与信息化结合的交通管理 ...020
占道施工全生命周期数字化管理 ...027
重点产业园区交通数字化治理 ...037

空间动态优化

多路交叉环岛路口通行能力提升改造 ...050
瓶颈路段"可变车道＋借道左转潮汐车道"的组合应用 ...056
运用"可变车道"疏通城区关键节点 ...063

施工交通组织

施工作业区单向交通组织优化 ...072
施工路段信号优化与交通组织协同管控 ...081
地铁占道施工交通组织精细化管控 ...089

交通安全改善

超大面积路口交通组织优化 ...102
大型居住小区周边行人过街设施优化提升 ...109
慢行一体化过街提升路口通行秩序 ...115
行人集中路口"对角斑马线"应用 ...122

信号控制优化

"井"字形路网绿波协调控制 ...128
高架桥下大型路口时空协调优化 ...136
信号优化治理六叉畸形路口安全隐患 ...142
主动均衡负荷的城市快速路匝道交通信号管控 ...152

交通设施提升

精准实施车道管控措施助力干道消盲区、保安全、提速度 ...160
慢行交通过街设施一体化优化设计应用 ...164
巧用桥底空间实施错位通行提高路口通行效率 ...168

片区交通组织

老城区学校接送系统优化 ...178
桥梁周边交通组织优化 ...183
学校接送车辆停车组织优化 ...193

数字化治理

数据引领下的商业区"五化"综合治理

数字化赋能菜市场周边停车管理

学校区域停车动态调控与信息化结合的交通管理

占道施工全生命周期数字化管理

重点产业园区交通数字化治理

数据引领下的商业区"五化"综合治理

案例简介

城市商业区是重要的交通吸引点，交通出行总量大、密集度高，周边路口易发生交通拥堵。本案例针对杭州市滨江龙湖天街商圈，提出"五化"综合治理方案，通过数据分析找准问题，综合采取数字化潮汐车道和路口可变车道，提升道路资源利用率；通过停车泊位预约、网约车行人指引系统、停车诱导系统等方式，提升停车精细化管理；另外，通过优化广场设施、完善"城市家具"、美化道路空间、设置网约车标识等方式，强化街区互动，提升街区风貌。

现状及问题分析

龙湖天街商圈位于杭州市滨江区核心区域，东至江汉路，西至江虹路，南至月明路，北至江南大道（图1）。日均车流量约为6500辆/天，最大车流量可达10000辆/天。

图1　滨江区龙湖天街商圈

龙湖天街商圈周边用地性质较为多样，以居住、商业、办公为主，医院、学校用地为辅，居住用地约占42%，办公用地约占37%，商业用地约占7%（图2）。

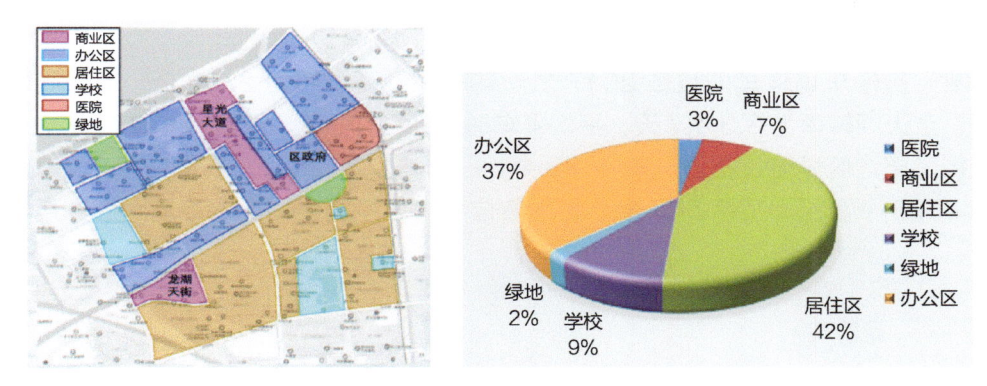

图 2　滨江区龙湖天街商圈周边用地分析

从交通出行量（OD）情况看，出行起点主要集中在滨江区内部，占比为43.6%，重点分布在杭州印、星光国际广场等区域。每日11:00、18:00为拥堵高峰时段。出行流量主要分布于钱塘江两岸，其中滨江区全境、上城区南部、萧山区西部较为集中（图3）。

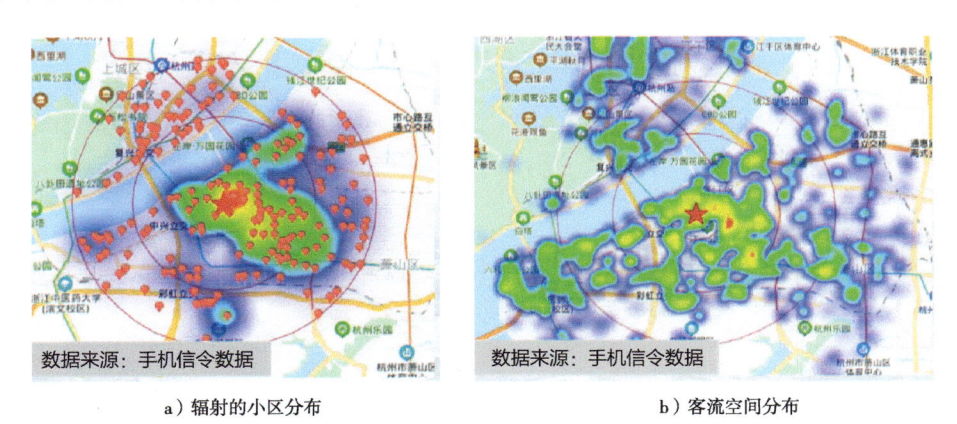

a）辐射的小区分布　　　　　　　　b）客流空间分布

图 3　辐射小区及客流分布

现状主要问题如下：

1. 外部交通组织不合理

滨江龙湖天街商圈周边道路多以单行为主，进出通行流线重叠，高峰期易发生相邻道路车流首尾相连的"贪吃蛇"式拥堵现象，造成车辆"进不去""出不来"（图4）。

a）龙湖天街商圈周边交通组织流线　　　　　　b）龙湖天街商圈周边"贪吃蛇"式拥堵现象

图 4　外部交通组织不合理

2. 停车缺口大，配建停车位严重不足

龙湖天街停车场停车泊位数2017个，高峰车位需求约为2700个，高峰周转率为1次/h，全天周转率为3.3次/天，平均停车时长为2.2h/次，高峰停车缺口600多个。龙湖天街及周边区域泊位配建总量9085个，日间需求5425个，日间空余3660个；夜间需求8523个，夜间空余562个，区域泊位配建总量充足，区域停车资源利用率不高（图5）。

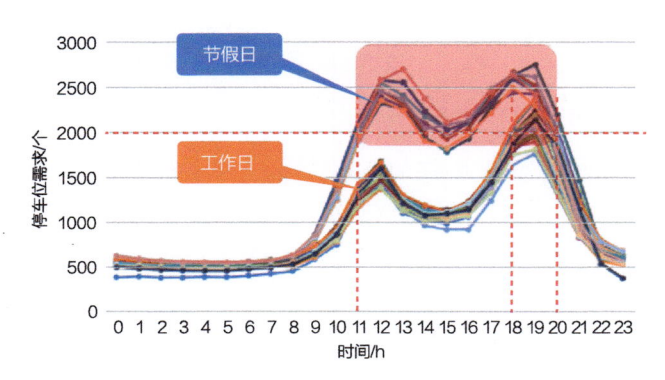

a）停车场需求时间分布　　b）周边部分闲置停车资源分布

图5　停车缺口大且共享不足

3. 非机动车停放需求大

龙湖天街非机动车地下停车泊位1200个（利用率仅10%），地面泊位810个（利用率达85%），地下和地面停车资源利用不均（图6）。

图6　非机动车停放分布

4. 内部交通组织不合理，出入口通行效率不高

龙湖天街停车场内部流线交织严重，高峰期间造成进入地下车库的车辆排队超过600m，驶离地下车库的车辆排队时间达2h。龙湖天街江汉路出入口通行效率不高，排队

车辆溢出至江南大道－江汉路交叉口，易影响江南大道交通通行（图7）。

a）停车场出入口车辆排队　　　　　　　　b）停车场内部车辆排队

c）江汉路出入口情况　　　　　　　　　　d）出入口停车难

图7　组织不合理出入口排队长

5. 商圈周边设施杂乱

商圈周边道路护栏形式多样，重复设置，影响道路美观。商圈广场隔离设施、护栏随意摆放，颜色不统一，空间视觉感较差（图8）。

a）江汉路"1路4栏"　　　　　　　　　　b）广场石墩、护栏随意摆放

图8　商圈设施不美观

6. 商圈绿化缺失

商圈周边道路绿化缺失，缺乏生机，空间缺乏层次。商圈广场基本无绿化，广场景观

缺乏整体设计（图9）。

a）月明路道路两侧无绿化　　　　b）广场绿化缺失

图9　商圈绿化缺失

7. 人性化设施缺失

商圈存在行人过街不便、外卖车无序停放、网约车无序上下客等问题（图10）。

a）行人过街不便　　　b）网约车无序上下客　　　c）广场外卖车无序停放

图10　人性化设施缺失

优化思路

针对上述问题，以数据为驱动，综合考虑实际出行需求，采取"五化"综合治理：
- ➢ 通行有序化。通过采取数字化潮汐车道、路口可变车道等方式提高道路资源利用率；通过停车泊位预约、停车诱导系统等方式，提升停车泊位有序化管理；通过网约车人行指引系统引导乘客定点候车。
- ➢ 交通设施美化。商圈周边道路交通管理设施统一样式，美化道路空间，优化广场设施。
- ➢ 道路环境绿化。增加道路绿化，优化广场绿化和景观设置。
- ➢ 慢行通行人性化。增加路口全向行人过街控制，提高行人过街效率；设置"外卖小哥"之家，供外卖快递人员短时休息。
- ➢ 商业化。优化广场空地设置，增加特色商业外摆设施，增加商业活力。

优化措施

1. 有序化治理

1）潮汐车道。依据商圈周边道路交通需求及流量特征，在江汉路设置路段数字化潮汐车道（图11）。

图11　江汉路设置潮汐车道

2）道路单行组织。依据商圈周边道路交通流量特征，对月明路进行由西向东单行组织，提高道路通行能力（图12）。

图12　月明路单行

3）数字化可变车道。根据路口交通流量变化，准确掌握路口转向需求，设置路口数字化可变车道（图13）。

图13　江汉路－月明路路口可变车道

4)停车优化。构建停车诱导系统：新建二级、三级停车诱导各 5 处，采用线上停车诱导与线下停车诱导相结合、线下停车诱导屏与线上导航系统相结合的方式，引导车辆至周边 8 处停车场停放。在商圈周边共设置 7 处 26 个临时上下客车位，并联合网约车公司进行统一标志设计，规范上下客秩序。周边主要出入口设置网约车人行指引系统，实现网约车上客区连续不间断指引。

施划地面非机动车泊位 400 个，施划地下停车泊位 1600 个，员工非机动车统一停放地下车库，一车一码，规范非机动车停放。龙湖天街周边设置共享单车禁停区，限制共享单车停放（图 14）。

a）停车诱导　　　　　　　　　　b）取消路内停车

c）规范机动车临时上下客　　　　d）设置网约车人行指引系统

e）非机动车地库停放、一车一码　　f）共享单车禁停区

图 14　停车优化

5)停车场出入口及内部流线优化。结合单行组织，调整停车场 3 个出入口及内部流线，江汉路 1 号出入口调整为 3 进 1 出，月明路 2 号出入口调整为 2 出，月明路 3 号出入口调整为 1 进 1 出，同时完善停车场内部流线（图 15）。

a）出入口流线优化 　　　　　　　　　　　b）标志标线优化

图 15　停车场出入口及内部流线优化

2. 美化治理

1）统一护栏样式。优化江汉路隔离护栏，在 250m 路段采用滨江特色"滨滨有礼"隔离护栏，提升道路景观。将龙湖天街商圈周边石球隔离墩更换为隔离花箱，采用滨江特色"滨滨有礼"隔离花箱 88 组（图 16）。

a）"滨滨有礼"隔离护栏 　　　　　　　　　b）"滨滨有礼"隔离花箱

图 16　统一护栏样式

2）道路空间美化。对江汉路、月明路非机动车道进行优化，取消 800m 人行护栏，1600m 机非隔离护栏，采用非机动车道彩铺方式明确路权，打破了护栏林立所形成的"牢笼式"交通，实现道路景观美化（图 17）。

图 17　月明路道路空间美化

3）广场设施美化。对龙湖天街商圈广场 140 个石球隔离墩、88 组广场隔离花箱、60 组地面非机动车隔离护栏等进行一体化设计，在突出商业特色的同时达到视觉上的和谐统一（图 18）。

图 18　广场设施美化

3. 绿化治理

提升道路绿化、广场绿化，通过月明路绿化建设，栽种银杏树，提升月明路两侧景观。设计特色绿色花径 400m^2，绿化龙湖天街商圈广场景观（图 19）。

a）月明路两侧绿化　　　　　　b）广场绿化提升

图 19　绿化提升

4. 人性化提升

针对龙湖天街商圈周边人性化设施缺失问题，开展商圈周边人性化治理，通过设置路口全向行人过街斑马线、设置网约车人性化标识、设置"外卖小哥"之家（外卖车专用停车位、外卖车充电桩、外卖人员休憩区），为街区提供人性化服务（图 20）。

a）全向行人过街斑马线　　　　　　b）网约车人性化标识

图 20　人性化提升

c）外卖车专用停车位　　　d）外卖车充电桩　　　e）外卖人员休憩区

图20　人性化提升（续）

5. 商业化

通过龙湖天街商圈广场用地留白、特色化商业外摆、强化街区互动、完善"城市家具"，提升街区风貌，增加商业活力（图21）。

图21　优化广场空地留白和"城市家具"设置

实施效果

区域拥堵指数下降13%，区域拥堵时长缩短23%。拥堵报警次数减少23%，顾客投诉率下降16%（图22、图23）。

a）江南大道－江汉路路口治理前　　　b）江南大道－江汉路路口治理后

图22　江南大道－江汉路路口优化前后对比

图 23　龙湖天街商圈治理成效

道路美化、绿化以及人性化通行均有较大提升（图 24）。

a）月明路改造前 　　　　　　　　　b）月明路改造后

c）广场绿化治理前 　　　　　　　　d）广场绿化治理后

e）江汉路 – 月明路路口治理前 　　　f）江汉路 – 月明路路口治理后

图 24　道路优化提升效果

案例点评

本案例围绕城市商业区，通过数据分析找到现状问题，并提出了"序化、美化、绿化、人性化、商业化"等综合治理方法，采取潮汐车道、单行车道、可变车道、停车诱导、出入口优化等措施，重点解决了商圈周边路口交通拥堵、停车设施不足、秩序混乱等问题，同时提出了完善商业区设施等措施，提升街区风貌，增加商业活力，为商业片区综合治理提供参考和借鉴。

重点片区的交通治理往往涉及多个方面，在治理过程中，需要深入分析交通问题，提出针对性的治理方案。本案例在问题分析和相关方案提出过程中，考虑不同交通参与者的需求，践行数字治理理念，开展数据调查和分析，发挥数据的支撑作用，提高了相关措施的科学性和可实施性。

数字化赋能菜市场周边停车管理

案例简介

"停车难"问题已经成为影响城市发展进程、较难治愈的"城市病",尤其是菜场、医院等流动性强、停车需求量大的区域,传统的管理方式已不能满足精准化、精细化管理需求。本案例针对停车需求较大的菜市场,运用数字化技术手段,创新停车管理模式,研究制定并推行了"双模式"组合车位+"全时空"监管的管理模式,取得了显著效果,有效提升了停车效率,满足了菜场周边的停车需求。

现状及问题分析

宁波华严菜市场位于镇安街与华严街东北角,占地面积约 4200m^2,共有摊位 216 个,周边分布着演武社区、新河花园等 7 个 2003 年以前建成的老旧小区以及大步公园、四眼碶小学等流量吸引点,来往菜场的每日人流量约为 8000 人次(图 1)。

图 1 华严菜市场所处区位

为缓解华严菜市场片区交通秩序混乱问题,交警部门在此片区设置单行线,并在周边道路上设置了 209 个全时段收费停车位,这在一定程度上改善了交通拥堵和混乱的情况,但仍存在以下问题:

1. 停车需求和供给不平衡

华严菜市场周边没有公共停车场，周边的社区基本是在 2003 以前建成的，配建停车位严重不足，内部挖掘的停车潜力有限。经调查统计，周边道路白天停车位饱和度高达 95% 以上，车位利用率达 95% 以上，白天平均每个车位周转率约为 8 车次/天；夜间饱和度高达 99%，车位利用率基本达到 100%，夜间平均每个车位周转率为 1~2 车次/天。

2. 缺少专用的卸货车位

3:00—7:00 是华严菜市场商户卸货高峰期，约有 100 车次的卸货车辆在此时段卸货。但由于全时段收费车位夜间周转率低、饱和度高，卸货车辆在卸货高峰期经常无车位可停，被迫占用机动车道、交叉口违停卸货，这严重影响行人和非机动车正常通行，导致行人和非机动车无路可走，事故频发。华严菜市场周边对上述时段违停进行严格管理，但仍是治标不治本，不能有效解决供需矛盾问题（图2、图3）。

图 2　优化前 7:00 以前道路交通情况

图 3　优化前 7:00 以后道路交通情况

优化思路

- 采用"全时收费+限制时长"两种模式组合车位，提高车位周转率。选取靠近菜市场的部分收费车位改成限时停车位，限定停放时长，提高夜间停车位周转率，既避免商户远距离装卸货物，又满足凌晨的停车卸货需求。
- 严格要求按车位停放，规范停车秩序。明确所有车辆只允许在停车位内停放，菜市场出入口及道路交叉口位置不允许车辆停放，对违停的车辆严格处罚管理。
- 升级监控设备，精准打击违法行为。升级违停抓拍设备程序，精准设置不同抓拍场景、抓拍时长及抓拍内容，对故意遮挡号牌等严重违法行为进行严厉打击，确保方案实施取得成效。

优化措施

1. 选择部分车位设置成限时停车位

根据现场实地调研，选取华严菜市场旁的镇安街、华严街上共计 12 个全时段收费停车位调整成限时停车位，停放时长为 30min。限时停车位既能满足商户卸货时长和近距离卸货需求，又能满足驾驶机动车采购居民的停车需求，从而提高车位周转率。同时，也能避免夜间停车位饱和，商户无车位装卸的情况。为突出停放时长提醒，对停车位路面进行彩化处理，采用绿底白字样式，告知车辆严禁超时占用停车位（图 4、图 5）。

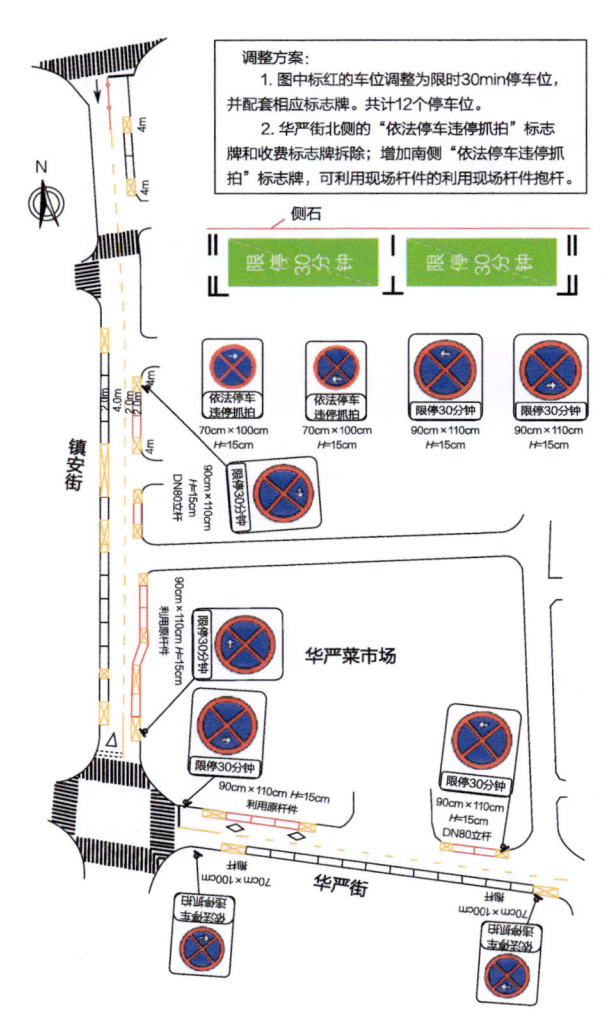

图 4 华严菜市场路内停车调整方案

注：图中 H 是指标志的字高

图 5　限时免费车位设置实际效果

2. 设置可变电子标志牌

在绿色的停车位旁设立可变电子标志牌，在 0:00—7:00，显示"0:00—7:00 装卸专用，绿色车位限停 30 分钟"字样，供商铺装卸货物专用；在 7:00—24:00，显示"7:00—24:00 装卸优先，绿色车位限停 30 分钟"字样，提高停车位周转率和利用效率（图 6）。

图 6　可变电子标志牌轮播图

3. 加强违法停车管理和处罚

在部分出入口、交叉口及违停现象严重区域的路缘石上施划黄色禁停标线，明确禁止停车区域。

加强停车区域数字化、全时空监管，根据不同区域，不同车位停放要求设置不同抓拍内容。通过视频自动记录车辆停放时长，超时停车将会被视频记录并处罚；不在停车位内停放的车辆，同样会被拍录处罚。同时通过电警监控溯源执法，对违停车辆及未悬挂号牌、故意遮挡号牌的违法车辆进行执法查处。

4. 强化宣传、协调、沟通

交警部门联合综合行政执法局、百丈街道办事处、鄞城智慧城市建设发展有限公司等单位负责人召开专题会议（图 7）。在电警抓拍正式实施前，安排专人向华严菜市场沿街商铺派发放温馨提示（图 8），共发放 350 余份，提前告知商户在路侧缘石上施划有黄色实线的区域禁止停车卸货，故意遮挡号牌的将被依法罚款并记 12 分。

图7　各单位召开专题会议

图8　交警部门派发温馨提示

实施效果

　　优化方案实施后，夜间限时停车位的周转率明显提高，平均能达到9~10车次/夜间，周边商户临时卸货能找到空闲车位，并且基本没有车辆超时停放。根据违停数据显示，实施后平均每天违停数据明显减少，交通秩序得到较大改善（图9、图10）。

a）实施前　　　　　　　　　　　　　　　b）实施后
图9　方案实施前后华严菜市场周边镇安街交通情况

a）实施前　　　　　　　　　　　　　　　　b）实施后

图 10　方案实施前后华严菜市场周边华严街交通情况

案例点评

本案例针对菜市场停车难、停车乱等问题，运用数字化技术和数字化分析方法，设置限制时长、按时收费不同类型停车位，通过视频检测等数字化技术监测停车区域、停车时长，开展违停处罚，提高停车位周转率，满足特定时段的停车需求，解决夜间至凌晨时段菜市场商户配送车辆卸货问题，服务周边群众，改善民生。

本案例围绕重点片区限时停车管理，通过自动监测停车时长等信息化、数字化管理手段，提高了管理效能，可为其他重点片区停车管理提供借鉴和参考。数字化技术在重点片区车辆通行 OD 分析、路径规划和诱导、精准化管理和智能提醒等方面均能发挥较大作用。在重点片区交通治理过程中，可充分利用数字化技术手段，提升改善效果。

学校区域停车动态调控与信息化结合的交通管理

案例简介

校园周边道路上下学期间普遍存在交通拥堵、秩序混乱、安全隐患突出等问题，也是交通管理工作的重点。设置限时停车位、专人疏导等传统管理模式对于缓解校园周边交通难题作用十分有限，需要在问题分析的基础上采取新的管理模式。案例采用"限时停车位与远端收费车位结合＋电子智能监管＋校讯通升级应用"新的数字化管理模式，形成三位一体的高效管理闭环。试行后效果明显，学校周边交通秩序明显好转，交通事故随之减少，道路通行能力大幅提升。

现状及问题分析

宁波市春晓中学地处中山东路－沧海路交叉口的西北角，东侧和南侧分别是主干路沧海路和中山东路，北侧是河道，西侧为大型商业体世纪东方广场（图1）。学校内部及周边步行400m范围内没有停车场供学生家长接送时停放车辆。学校共有班级26个，学生1100余人，经常接送的机动车350余辆。

图 1　春晓中学地理位置

校园周边道路高峰时段拥堵问题突出，产生拥堵的原因主要包括：

1. 停车位缺口大

接送学生的私家车逐年增加，而学校周边的停车场、停车位非常有限，特别是中心城区的老学校，停车位配置严重不足，接送学生的车辆只能利用周边道路停车（图2）。

图 2　接送车辆占用机非车道多排停放

2. 停车需求短时高度集中

由于学生放学时间相对集中，接学生车辆在短时间内集聚，无序停放、多排停放、长时间停放现象较为普遍，现场管理难度大。

3. 接送效率低

由于信息不对称、不及时，部分家长停放车辆后，下车到校门口等候，增加"无效交通流"；部分家长在车上等候，车辆停放位置不固定，增加了学生寻车时间，导致接送效率低下。

4. 道路资源使用效率低

放学时段，部分接学生的家长，为了抢占停车位，提前将车辆停放到校园周边道路，长时间占用道路资源，影响道路通行；同时也降低了道路停车位的周转率、利用率，造成后到的家长无车位可停，侵占道路其他空间违法停车，导致公交车无法正常停靠站（图3）。

图 3　公交车无法正常停靠站

优化思路

- 优化周边道路停车位设置。根据学校接送车辆数量,在学校周边道路合理设置一定量的限时停车位,同时在离学校稍远的道路上设置智慧收费停车位,供提早到的家长车辆停放。
- 限定停放时间、停放时长。明确车辆临时停放起止时间,压缩停放时长,提高车位周转率、利用率,降低对道路通行的影响。
- 升级校讯通应用。建立信息双向沟通模式,家长提前获取放学时间并按时达到,学生知道家长车辆停放位置,快速寻车。
- 精细设置科技管理设备。升级违停抓拍设备程序,根据不同场景(车位内、车位外、禁停区)、不同时段,抓拍相应违法行为,实现智能化、精准化管理。

优化措施

1. 优化周边道路停车位,减少供需矛盾

通过分析、研判学校接送车辆数量,决定在沧海路两边施划限时停车位 39 个,并对车位进行编号,明确接送车辆只能在停车位内停放,其他地方不能停放,最大限度地减少因不规范停车对整体交通产生的影响,减少安全隐患。针对部分提早较长时间驾车来校接学生的家长,交管部门采取人性化措施,在月明路、宁穿路 950 弄施划 113 个智慧收费停车位,以满足早到车辆的停车需求。

2. 明确停放时段、时长

设置限时停车位,限定开学期间接送车辆可停放时段为 6:40—7:50、16:50—18:00(与学校上下学时间匹配),其他时间禁止停车,并且限定停车时长为 10min,超时停放将被处罚。同时创新限时停车位的样式,着重突出停车位的用途与停放时长(图4、图5)。

图 4　限时停车位样式

3. 升级校讯通应用

1)放学信息精准双向发送:通过增加留校学生告知、放学提前预告,为家长提供更为准确有效的信息,让家长能够提前预判和把握驾车到校的时间点,减少家长无效停放时间。

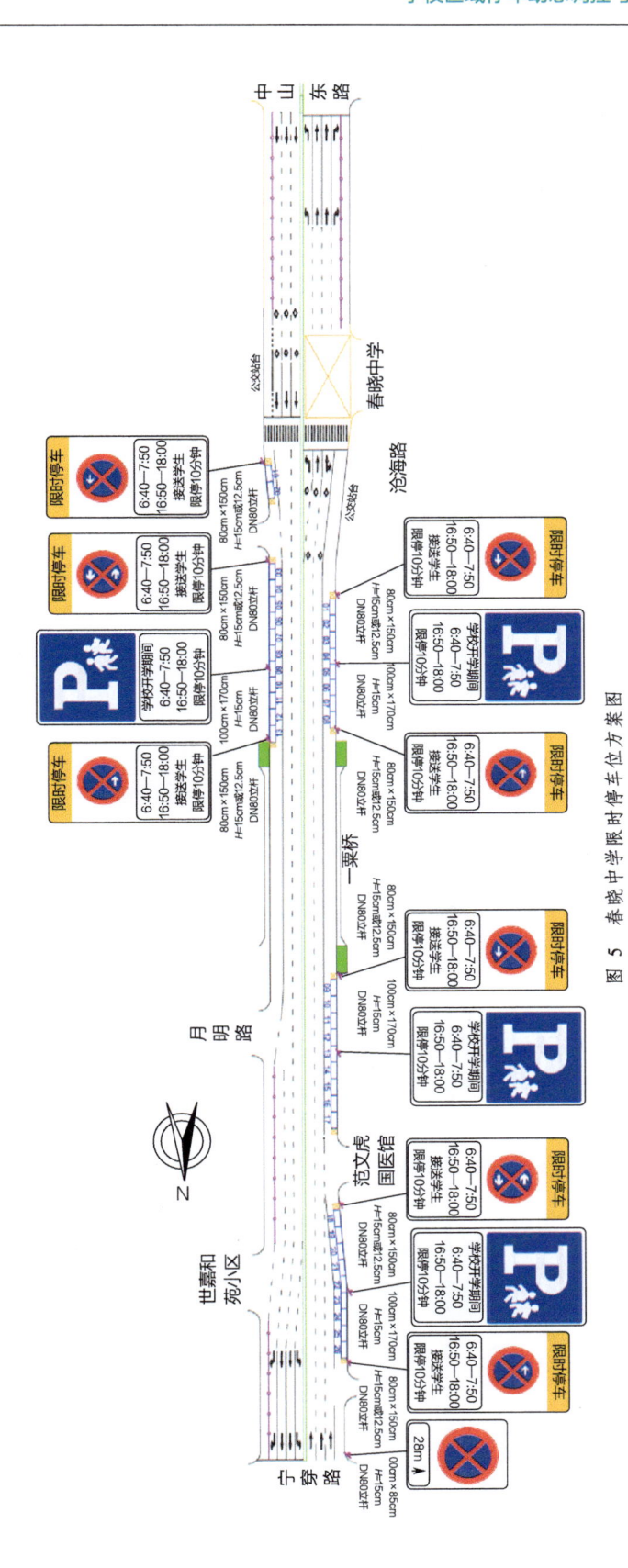

学校区域停车动态调控与信息化结合的交通管理

图 5 春晓中学限时停车位方案图

023

2）家长停车位置信息精准发送：家长通过手机关注学校公众号，选择自己停放的道路停车位编号（图6），并可发送简要信息（图7），学生可在教学楼楼道和校门口终端设备刷卡查看家长停车位置和交流信息，减少学生寻找家长车辆的时间。

图6 手机程序的选择车位界面　　图7 手机程序的信息输入界面

3）引导高龄段学生自主寻找家长车辆位置，减少家长来回（车辆—校门口—车辆）路上的"无效"交通流。

4. 升级电警智能监管

根据不同的区域、时段设置不同的违停抓拍场景，发挥电子警察的智能监管作用。车位内接送车辆不在规定时间段停放或者超出停放时长都会被电子警察拍录处罚（对应图8中的场景1）；车位外违法停车电子警察拍录（对应图9中的场景2）；此外还在路口、学校大门等重点路段的路缘石施划黄色禁停标线，违停车辆将被处罚（对应图10中的场景3）。

图8 电子警察抓拍车辆违停场景1

图 9　电子警察抓拍车辆违停场景 2 　　　　图 10　电子警察抓拍车辆违停场景 3

实施效果

1. 接送车辆停放井然有序、通行秩序明显改善

优化后，接送学生的车辆在限定时间内准停的道路停车位上"按时按位"有序停放，公交车辆能够正常进出站点上下客，道路交通井然有序（图 11）。该方案的实施，减少了车辆无效占用道路资源的时间，道路停车位的周转率、使用效率大幅提升，39 个限时车位基本满足春晓中学错时放学接送车辆的停放需求，以总放学时长 70min、车辆实际平均停放时长 8min 计算，实际可停车辆数为 341 个。

a）实施前　　　　　　　　　　b）实施后
图 11　方案实施前后沧海路停车情况

2. 安全隐患消除、交通事故减少

车辆各行其道，减少通行中的相互冲突和干扰，消除了交通安全隐患，交通事故发生率显著下降。

3. 路段通行效率显著提高

行车道更加通畅，路段通行效率显著提升（图 12）。

a）实施前　　　　　　　　b）实施后

图 12　方案实施前后放学时段沧海路南北向通行情况对比

4. 接送效率明显提高

改善前,家长到校门口等学生平均需花费时间约 15min。校讯通升级后,信息及时互通,家长接到学生的平均时间缩短至 8min 左右。

5. 节约了大量警力资源

方案实施后,学校周边部分路口和路段无须交警维持秩序,节约了大量警力资源(图 13)。

图 13　方案实施后春晓中学接送时间段的中山东路－沧海路交叉口

案例点评

本案例针对中小学校接送时段交通拥堵问题,首先,根据停车需求精准计算停车位数量,并设置限时段、限时长临时停车位,在学校远端设置收费停车位满足早到家长的停车需求,有效分离了不同时段车辆停放需求;其次,对执法设备进行升级,以适应不同场景的违停抓拍需求;最后,升级校讯通,加强信息互通对接,避免无效交通流的产生,形成了"停车位精细设置＋违停精准监管＋家校信息互通"三位一体的管理模式。方案实施后,解决了接送车辆停车供需矛盾,提高了接送效率,提升了停车位周转率和利用率。

目前,由于机动化接送模式的长期存在,校园周边停车供需矛盾也较为普遍,学生接送期间的道路交通秩序混乱、安全隐患突出、交通拥堵已成为全国多数城市的共性问题,传统的以警力维持秩序的管理模式效果并不明显。本案例中的管理措施可用于学校周边道路的停车秩序治理,为管理部门解决学校周边道路交通问题提供借鉴。未来,还可借助数字化技术,实现停车位预约、动态分配等精细化管理功能。

占道施工全生命周期数字化管理

案例简介

占道施工影响交通运行，也是道路交通安全管理中的难点，交管部门在指导制定交通组织方案的同时，也需要在项目审批、施工过程、竣工验收等不同阶段开展审核、监管等工作。在实际管理工作中，往往存在信息不互通、进展不明确、监管不足等问题。苏州市吴江区以江陵路快速化改造项目施工建设为契机，在做好交通组织方案论证实施的同时，通过加强事中评估、落实各项措施，加强信息感知，开展动态监测，开发项目施工动态监管与服务系统，实现了占道施工事前审批、事中监督、事后验收的全流程数字化管理，从而提高了施工期规范管理水平，也保障了施工期道路交通稳定运行。

现状及问题分析

2020年初，苏州市吴江区拟启动江陵路快速化改造一期工程（S230—苏嘉杭高速），项目全长6.85km，是南苏州市片区"两环+十射"快速路体系的重要组成部分，也是吴江区快速"内环"中的北环线（图1）。

图1　江陵路快速化改造工程一期施工范围

江陵路快速化改造工程对交通影响较大，主要体现在以下几个方面：

1. 工程体量大，交通影响广

江陵路是吴江区最北侧的一条主干路，也是吴江区与苏州市中心城区联系最重要的通道，沿线共有9个信控路口，其中有6个是主干路路口，东西向分别衔接苏州市的东环、西环快速路南延线，南北两侧均没有可替代性的分流平行道路（图2）。

2. 施工工期长，措施保障难

整个施工工期约31个月，分成5个施工阶段。在前两个阶段，施工期配套交通设施的落实与保障尚且可以维持，但随着施工的深入，长期、短期的临时设施会混杂在施工道路周边，破损丢失情况会越来越多，临时调整围挡的情况也会逐步增多。如何长期保障好施工期配套交通设施，是一个重大的难题。

3. 分流通道少，疏解难度高

江陵路的交通流量总体呈现出两端车多、中间车少，早高峰出城多、晚高峰进城少的特点，主要流量聚集在与苏州市中心城区联系紧密的仲英大道、庞北路路口，早晚高峰已存在一定的拥堵情况（图3）。在主施工期，主断面仅维持了双向两车道的通行能力，与现状双向六车道差距甚大，根据流量预测，施工后沿线路段和周边路网必将出现较大的拥堵情况。

图 2　评价范围路网图

图 3　评价范围内主要路口交通组织图

4. 施工范围广，安全隐患多

江陵路施工范围共有 30 个多地块开口，用地功能也较为复杂，沿线有居住小区、商业广场，也有部分工业用地（图4）。施工道路受路面条件、照明、线型等因素的影响，机非干扰、公交停靠、转弯盲区都会对交通安全造成一定的影响。

图 4　江陵路两侧用地分布图

在占道施工项目管理方面，主要存在以下三方面难题（图5）：

1）审批难规范。通常施工审批的材料，一般以纸质材料为主进行逐级报批，信息琐碎，保存难度较大，时间一久容易发生丢失、遗漏。

2）施工难监管。开工以后，由于缺少有效的管理手段，对于未审批的违法施工、擅自扩围施工围挡、不按规范施工等行为监管难度较大。

3）设施难保障。施工期间，存在设施设计不规范、具体设施设置与设计方案不符、安全设施缺乏维护，以及竣工后未按原貌恢复等问题。

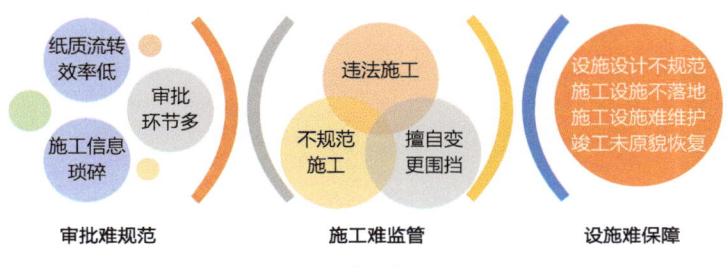

图 5　施工管理的三大难题

优化思路

- 审批阶段：加强事前研究，开展交通影响评价，组织协调各项工作。
- 施工阶段：开展多轮施工期间的交通组织优化调整，并协调各部门完成配套分流道路的建设工作。
- 科技赋能：建设"吴江智慧施工动态监管与服务系统"，加强施工区域的信息感知能力，开展动态监测。
- 系统助力：通过信息系统，实现施工前审批－施工期监管－施工后验收的全生命周期监管，明确建设单位对施工期间交通设施的实施与日常维护职责，加强施工周边道路日常巡检。

优化措施

1. 审批阶段：加强事前研究，做好充足准备

1）开展"江陵路快速化改造一期工程施工期交通影响评价"。项目开工前3个月，吴江区交管部门向建设方提出开展施工期交评工作，着重研究在重大交通影响情况下的区域交通组织相关各项措施。

2）专家评估论证，把握方案的合理性、科学性。为确保施工期交评报告中提出的交通组织方案合理可行，吴江区交管部门组织发起了两次专家论证会。由高校专家、设计院总工、苏州市及吴中区交管部门共同参与，最终确定采取区域逐级分流、区内货车限行、重点改造交通分流节点、优化公交线路、完善交通设施配套等一系列措施。

3）部门会审论证，推动重大配套事项的实施工作。由吴江区政府组织建设方、交警、

城管、住建、资规、交运、属地街道等部门开展会审，重点推动衔接苏州湾大道的市政道路、江陵路分流便道、重点路段拓宽改造等多个配套工程建设，落实道路用地、实施主体、建设资金等相关事项。

4）深化开工前的配套交通设施设计与实施。在项目正式开工前，吴江区交管部门要求继续深化配套交通设施方案设计，所有交通设施按规范标准进行设计，确保相关设施落地、落点位、落现场（图6）。

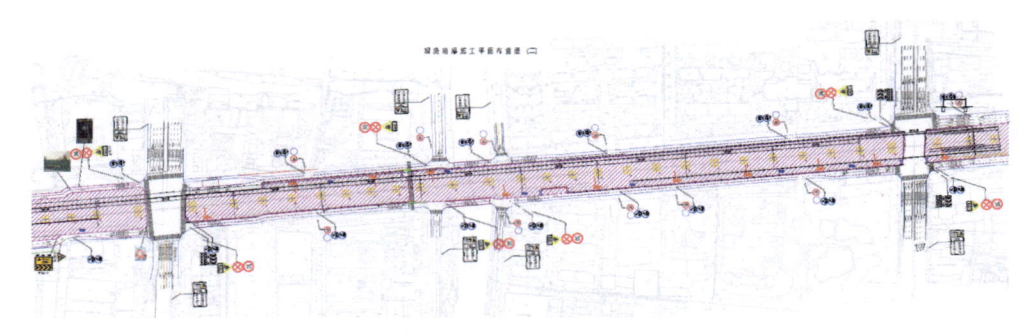

图6 交通导改设计平面图示意

2. 施工阶段：事中评估调整，落实各项措施

1）开展施工管理专项评估，整治不规范施工行为。吴江区交管部门以江陵路的施工工地为基础，对15处工地进行第三方专项评估，分析研判项目工期、交通设施、安保人员和交通组织4个方面与施工前审批方案的对比差异，并提出了优化建议（图7）。

1. 项目工期	工期基本按照方案进行
2. 交通设施	与原方案基本一致，但部分标志未能完全按照施工方案设置，有待进一步完善。路面标线也有待进一清除、完善
3. 安保人员	重要交叉口节点有人员现场维护秩序
4. 交通组织	现状已处于施工第二阶段，整体交通组织较通畅

图7 江陵路施工情况专项评估结论

2）加强重点施工路口交通组织优化与各阶段导改设计落实。针对施工的重点位置，如仲英大道－江陵路施工路口，吴江区交管部门采用评估－优化－再评估－再优化的多轮工作模式，确保各阶段的施工导改设计与交通设施落实（图8）。

图8 仲英大道－江陵路交叉口临时交通设施优化设计与现场实施效果图

3）推动施工重要分流道路和分流节点改造的建设。为做好苏州市中心城区至吴江区方向车辆分流，减少施工影响，吴江区交管部门联合推动各部门，在2021年年中陆续完成三条分流便道的建设和多个重要交叉口的改造，为施工主体工程扩围、主施工路段压缩断面等施工工作提供了有力分流支撑（图9~图11）。

图 9　秋枫街北延（江兴西路方向）分流点提前竣工完成

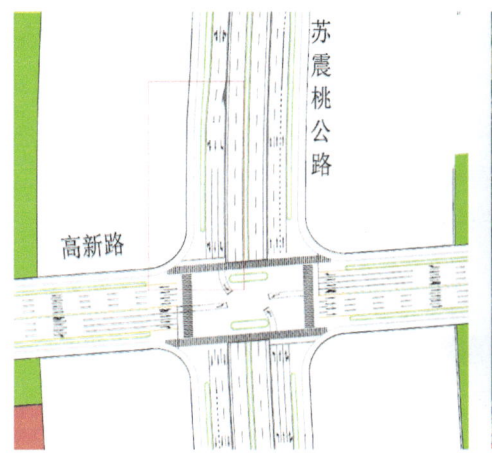

图 10　分流路口高新路－苏震桃公路北进口施工前（左、直、直右）

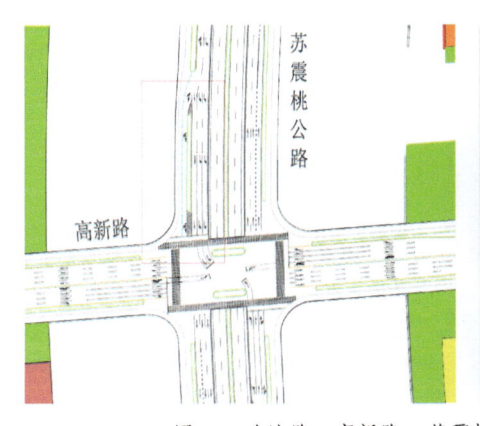

图 11　分流路口高新路－苏震桃公路北进口施工后渠化调整（左、左、直、直右）

3. 科技赋能：试点动态监测，加强信息感知

1）弥补施工区域的监测盲区。在施工路段中，仲英大道-江陵路路口和庞北路-江陵路路口是吴江区与苏州市中心城区联系的最重要的路口，也是最拥堵的两个路口。施工道路由于大量监控设备被迁改移除，从而成为交通状态监测的盲区。

吴江区交管部门在这两个路口布置了多套雷视一体机，采集施工道路的各项交通运行指标和交通事件数据，并开展拥堵识别算法研究，实现"一路一策"，极大地补充了交管对施工道路运行情况的监测（图12）。

图12　江陵路施工道路两个重要路口的设备安装与调试情况

2）辅助拥堵预警与应急指挥。当系统识别发生拥堵时，会通过公众号推送路段拥堵预警给相应管理人员，管理人员点击预警信息即可查看现场视频（辅助判断识别准确性），进而采取相应的现场指挥调度与应急处置措施，避免拥堵蔓延（图13）。

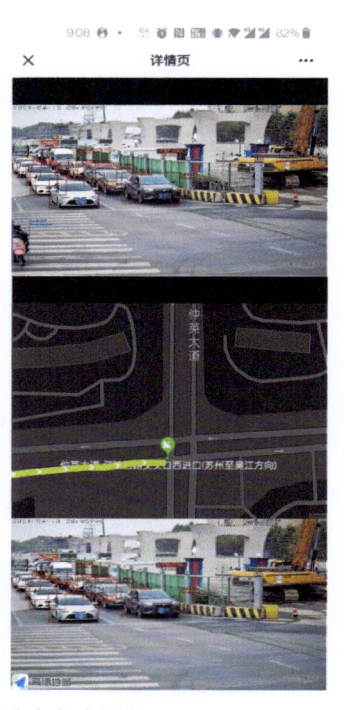

图13　拥堵预警信息实时推送

4. 系统助力：施工全程留痕，辅助安全监管

吴江区交管部门于 2021 年 11 月开发完成并上线试运行"智慧施工监管与服务系统"，实现施工审批、施工监管、施工动态监测等功能。

1）施工审批。依据吴江大队施工事项分级审批的原则，对一般小规模施工采取中队审核、抄送大队的流程，对规模较大的施工采取中队、大队两级审核，所有施工都统一由大队发送电子开工通知（图 14）。开工通知的纸质文件可采取邮寄方式送达施工方，实现全流程不见面审批。

江陵路施工期间的施工方案与施工变更，也通过系统进行线上审批流转（图 15）。

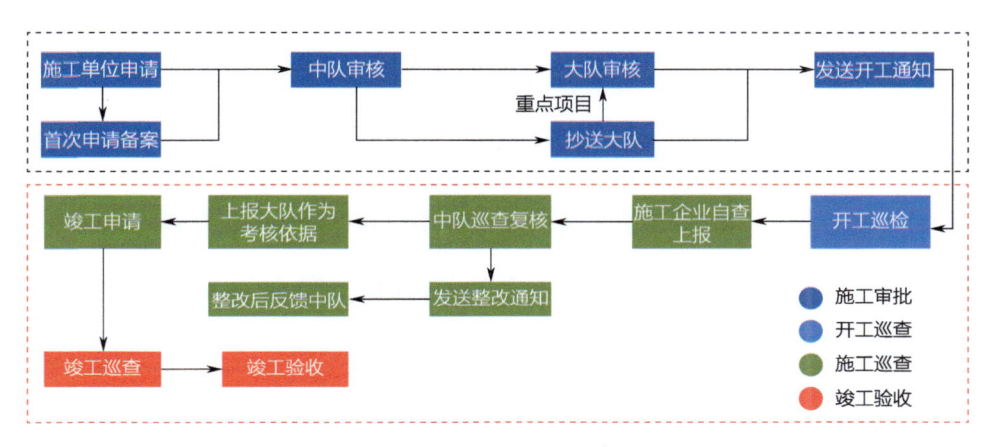

图 14　占道施工全生命周期智慧管理流程

图 15　建设单位提交施工申请的页面

2）施工监管。针对施工项目在开工前、施工期间及竣工验收 3 个阶段的监管环节，可通过手机端开展巡查并核实上报相关信息，巡查内容包括交通标志标线设置的合理性、围挡设置的规范性、施工车辆管理与安保人员配置是否到位共 4 个方面，巡查结果可以作为交警对建设单位、大队对中队评估和考核的依据（图 16）。

图16　监管子系统手机端的巡查功能界面

系统上线后，已将江陵路主施工阶段的交通设施位置信息录入系统，建设单位、属地中队定期通过手机端应用进行巡查，大队进行不定期抽查，确保整个施工期交通设施齐全、完整（图17）。

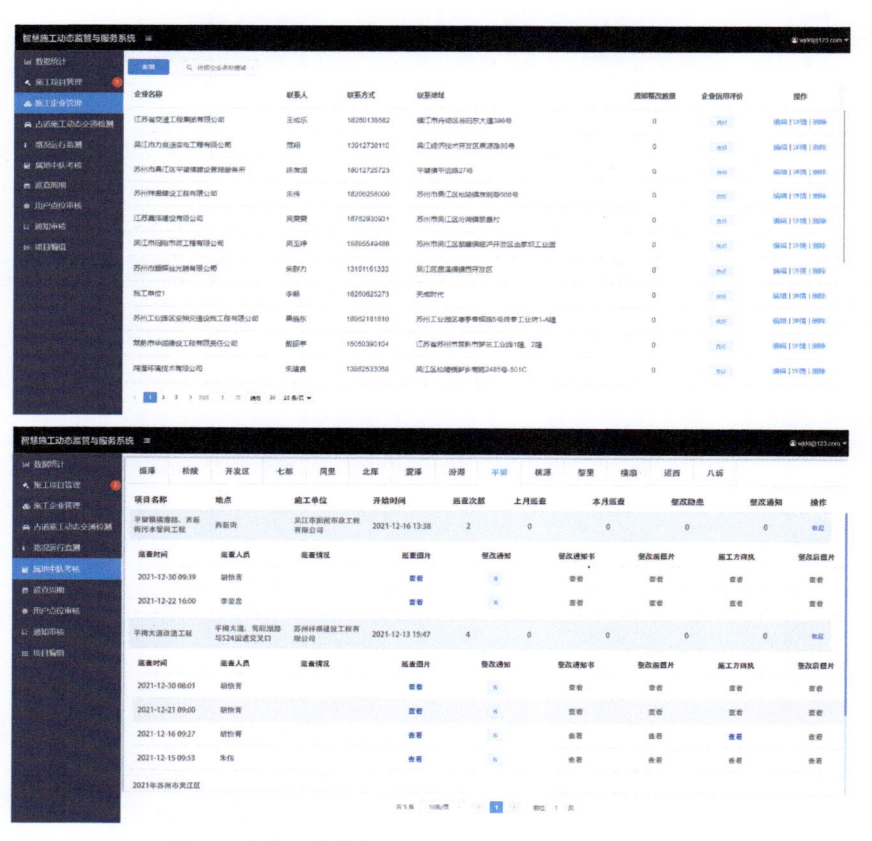

图17　监管子系统中企业、中队巡查与考核信息界面

3）施工动态监测。系统集成了现场雷视一体机信息监测数据（图18）、视频监控数据、第三方实时车速数据（图19），形成以施工重要节点感知设备为主、施工道路视频监控为

辅、施工影响区域实时车速为补充的多级监测体系，以及针对交通流量、排队长度、车速、特殊事件等多要素的评价体系，能够发挥实时判断施工周边道路的拥堵状态，长期监测施工道路交通影响程度的作用。

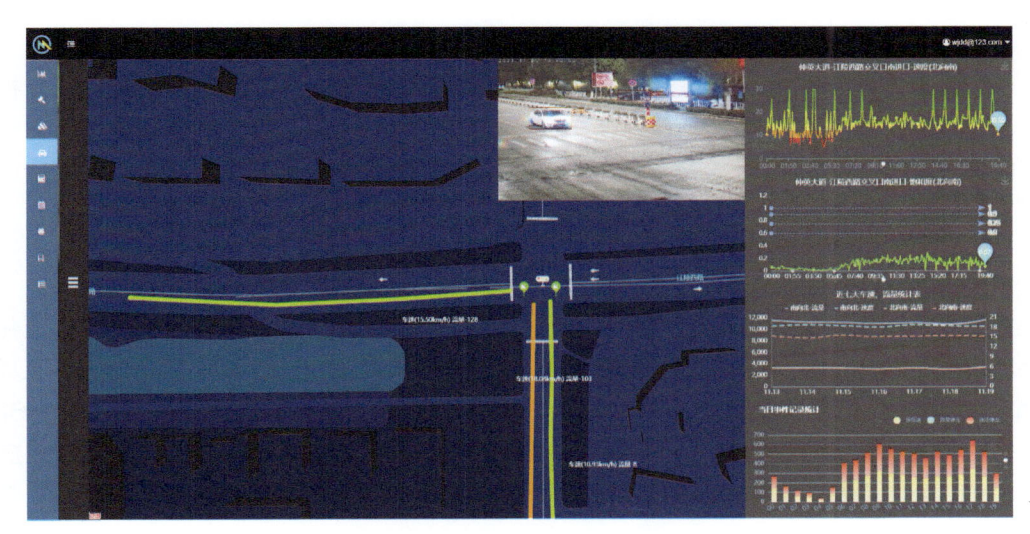

图 18　施工重点区域雷视一体机信息监测数据界面

图 19　施工周边区域实时车速数据可视化与数据分析界面

实施效果

通过两年多的努力，以加强江陵路施工管理为契机，通过工作梳理、设备建设、系统开发等工作，有效提升了吴江区整体施工管理水平，取得较好效果。

1. 江陵路施工区与周边道路的交通压力明显缓解

通过各项措施的完善优化，施工区域与周边道路的交通压力得到有效缓解，群众的出行体验也得到有效提升。以仲英大道－江陵路交叉口为例，对比 2020 年和 2021 年的交通运行数据，路口延误指数下降 61.32%，排队长度下降 78.16%，停车次数下降 63.72%。

2. 施工事前审批的交通影响评价制度逐步建立

在江陵路施工前，吴江区各建设部门对施工前的交通影响评价工作接纳程度和重视程度不高，通过江陵路施工重点项目，使交通影响评价工作不断被接纳并逐步推广。目前吴江区的多个重点项目，如云黎路改造、苏同黎改造项目，均以江陵路为模板，开展了施工期交通影响评价工作。

3. 建成施工管理系统，在施工交通管理中发挥重要作用

吴江区交管部门组织开发的"智慧施工动态监管与服务系统"，是首个全程无纸化、线上流转全生命周期数字化施工管理系统。目前已注册施工单位 63 家，已申请的施工项目 70 个，各单位反馈结果显示，系统使用后，报送各类审批材料的时间比以往节约了 60% 以上，应用效果显著。2022 年疫情期间，吴江区交管部门通过系统共受理各类道路施工审批事项 34 个项目，完成审批的有 24 个，全程采用不见面审批、邮寄发证的模式，有效保障了施工建设的高效推进。

4. 促进了施工项目的规范化管理

通过两年多的工作磨合和系统试运行，梳理并明确了各级交管部门与建设施工单位在施工管理中的职权、责任与考核办法，促进了吴江区项目施工的整体规范化管理。

案例点评

本案例通过梳理占道施工各个环节流程，加强施工交通组织方案论证，保障交通流稳定运行；通过开发项目施工动态监管与服务系统，增加智能监测设备，加强施工区及周边交通运行感知和分析，形成了一套完整的占道施工数字化管理模式，实现了占道施工事前审批、事中监督、事后验收的全流程数字化管理。通过明确施工相关企业、部门的职责，以及加强过程考核等方式，提升了交警部门的业务水平，从而保障了施工期道路交通稳定、高效运行，对各地占道施工管理有较好的借鉴意义。

占道施工的审批、监管、验收等流程均伴随着大量信息、文件流转，对数字化载体提出了需求。施工过程中措施落实情况、设施规范设置情况等，也是交通管理部门十分关注的内容，需要有效的动态监测手段作为支撑。本案例提供的数字化施工管理系统及相关设备，有效解决了以往施工管理工作中存在的过程不清、结果不明、监测不足等相关问题，是数字化技术应用的有益探索。

重点产业园区交通数字化治理

案例简介

由于工作岗位密集、职住分离、上下班时间集中等原因，产业园区及其周边高峰交通拥堵问题突出。滨江互联网产业园区依托大数据分析，通过数据问诊找准病因，采取数字化潮汐车道、优化园区出入口、开通公交接驳专线等措施，有效缓解该区域的交通压力。方案实施后，园区周边道路早晚高峰拥堵指数下降，通行速度提升，日均违停车辆明显减少，通行秩序显著改善。

现状及问题分析

杭州市滨江互联网产业园区面积 2.3km^2，企业数量超过 4000 家，实有人口 9.1 万，高峰小时车流量 1.5 万辆 /h，早晚高峰交通压力较大。治理前，用数据对交通情况进行画像，依托多源大数据、调研问卷及现场调研，通过出行结构、区域 OD、拥堵时空等多维度信息，对互联网产业园区现状道路、交通运行、交通需求、公共交通 4 个方面进行了精准分析，寻找产业园区交通问题的症结。

1. 交通现状问题

1）道路通行能力不足。园区内支路均为双向两车道，无法满足高峰期通行需求，拥堵状况严重（图 1）。

图 1　道路通行能力不足

2）出入口设置不合理。园区内出入口密集，包含开放出入口69个，未开放出入口11个，主要集中于支路。其中秋溢路、江淑路出入口间距平均仅有100m。园区门口机动车、非机动车、行人交织严重，影响车辆正常通行（图2、图3）。

图2　园区出入口分布 　　　　　　图3　出入口交织混乱

3）路口渠化不精细。路口空间过大，未对进口车道进行展宽，通行效率低。早高峰期间，机非交织现象严重，出口通行不畅，导致排队溢出，加速主干道拥堵（图4、图5）。

图4　江晖路－春波路路口渠化不精细 　　　　　　图5　江晖路－春波路路口车流交织

4）停车资源不均衡，路段违停多发。经统计，平峰时段区域内机动车违停达1000余辆，违停高发路段占整体路段比例超过30%，主要分布在秋溢路、江二路、东流路、江淑路（图6）。现状仅有3套违停抓拍设备，数量严重不足。

图6　江二路违停

2. 交通运行分析

利用城市大脑数据、互联网地图数据等，重点对产业园区拥堵时间特征、拥堵空间特征和拥堵程度进行分析。

从拥堵时间分析，早高峰集中在 8:00—10:00，晚高峰集中在 17:30—19:30，21:00 后出现夜高峰（图 7）。相比其他城区拥堵指数，产业园区拥堵指数特征表现为"高峰更高，低峰更低"。

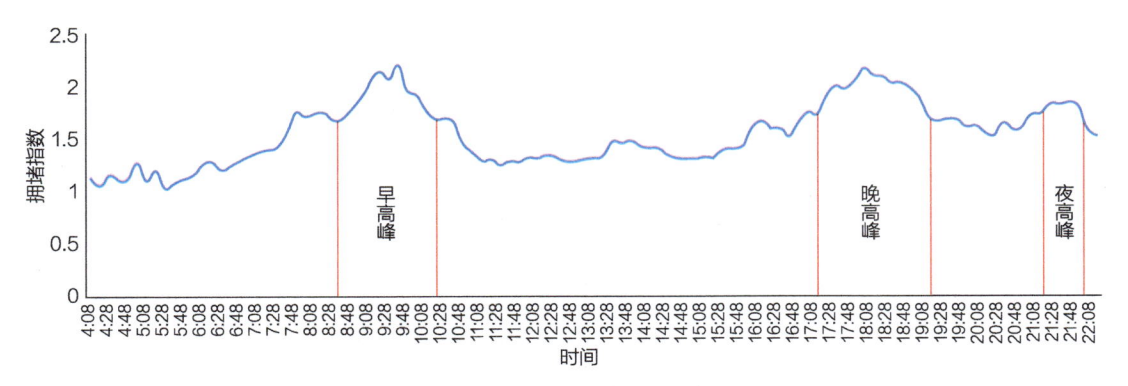

图 7　产业园区拥堵指数分布

从拥堵空间分析，早晚高峰期间园区拥堵道路主要集中在滨兴路、滨安路、滨康路、江虹路等主次干道及网商路、秋溢路、江淑路等支路（图 8、图 9）。

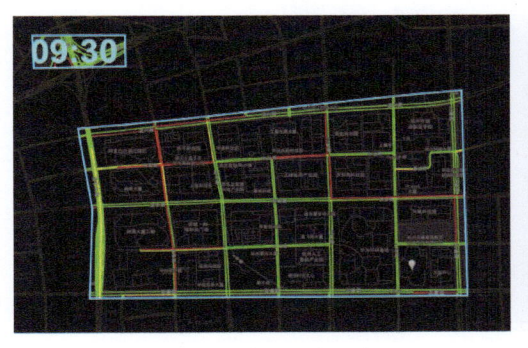

图 8　早高峰拥堵分布　　　　图 9　晚高峰拥堵分布

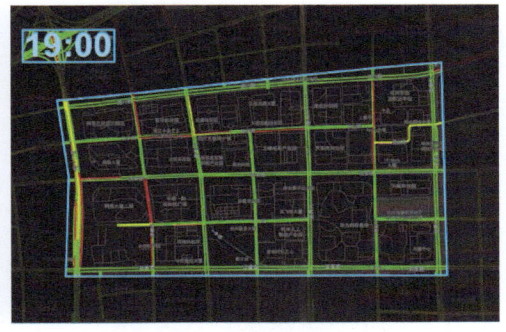

3. 交通需求分析

根据问卷调查数据、手机信令数据、网约车数据等，分析员工居住地分布情况及出行结构，为公交线路优化、交通组织优化提供数据支撑。

1）通勤起点较分散，跨区通勤占比高。通过手机信令数据分析产业园区职工出行 OD 分布情况和主要通勤路径，结果显示出行起点分布较为分散，跨区通勤比例较高（图 10）。

2）公交分担率低、覆盖率不足。通过手机信令数据、网约车等互联网数据，开展交通出行结构分析，结果显示，小汽车出行总量高，公交出行占比较低，不足 30%（图 11）。

No.	区外出行热门小区TOP10 名称	占比
1	江南国际城（萧山）-3.8km	4.2%
2	明怡花苑（萧山）-4.7km	2.0%
3	御景蓝湾（萧山）-11.6km	1.9%
4	丰瑞北苑+佳丰北苑（萧山）-6.5km	1.4%
5	三江花园（萧山）-7.1km	1.4%
6	戈雅公寓+郁金香岸（萧山）-6.6km	1.1%
7	丰北二苑、三苑（萧山）-7.1km	1.0%
8	三江新村（萧山）-7.1km	0.8%
9	东方海岸（萧山）-7.6km	0.7%
10	三水一生、绿都金域（萧山）-9.9km	0.6%

图 10　跨区通勤 OD 分析

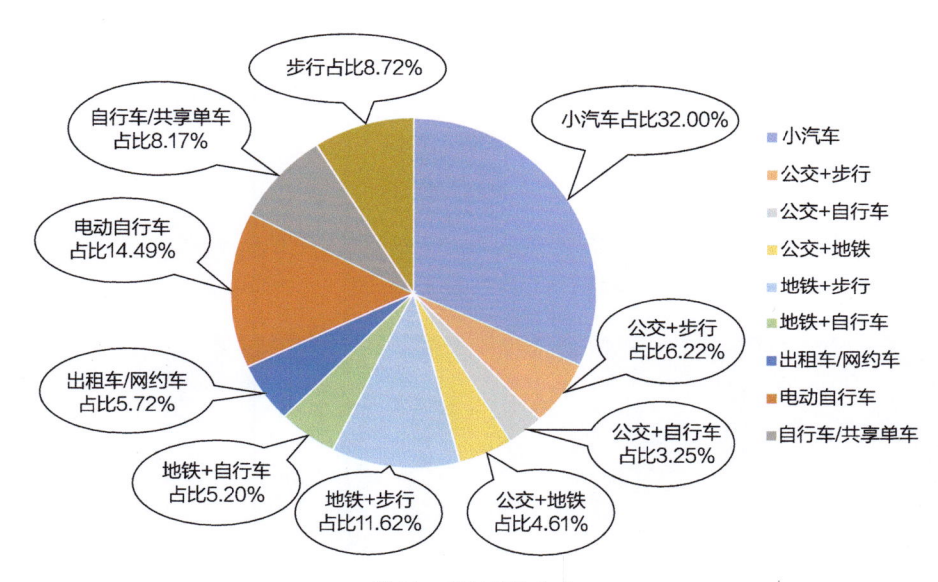

图 11　出行结构分布

对公交线路分析发现，公交线路呈现"主路多、支路少"的特征，网商路、江二路等重点区域公交线路覆盖不足，公交接驳地铁专线仅 2 条（图 12）。另外，园区附近仅有 2 个地铁站点，500m 服务覆盖率 38.8%，覆盖率较低（图 13）。

图 12　公交出行数据　　　　图 13　地铁站点 500m 服务范围示意图

3）网约车需求大，上下客秩序乱。互联网产业园区网约车日均约8000人次/天，网约车出行需求大（图14）；高峰期随意在机动车道内上下客导致园区出入口秩序混乱，造成交通拥堵，影响通行效率（图15）。

图 14　网约车出行数据　　　　　图 15　网约车上下客无序

4）共享单车需求大，乱停乱放问题突出。互联网产业园区共享单车日均进出16700人次/天，共享单车出行需求大（图16）。由于占用人行道停放、清运不及时，共享单车停放造成约20%人行道被侵占（图17）。

图 16　共享单车出行数据　　　　图 17　共享单车停放乱象

优化思路

- 优化交通组织，提升通行能力。对路口渠化等交通组织进行精细优化，提升通行能力，开展协调控制使流量与通行能力达到动态平衡。
- 改善交通秩序。针对机动车及非机动车违停的情况，一方面划定停放区域，满足其合理需求，规范停车秩序；另一方面设置违停抓拍设备，加强违停执法，减少违停车辆对车流的影响。
- 优化出行结构。优化公交路线、提高站点覆盖率，并与共享单车协调设置，实现公交与共享单车无缝衔接，提升公交出行比例。

优化措施

1. 优化交通组织

1）打造数字化潮汐车道。根据产业园区到达性交通为主且潮汐交通显著的特征，设置数字潮汐车道，同时秋溢路西向东实行限时单行（图18、图19）。

图18　早高峰　　　　　　　　　　　图19　晚高峰

根据互联网园区早晚高峰交通流潮汐特征，在网商路、江淑路设置了全可变潮汐车道，满足潮汐交通需求（图20）。

a）早高峰时段　　　　　b）平峰时段　　　　　c）晚高峰时段

图20　全可变数字潮汐车道

2）优化出入口设置。通过增设行人专用出入口、拓宽出入口、增加出入口进口车道数、道闸后退、施划黄网格线、网约车进园区等措施，实现人车分离，减少机非干扰，提高进入园区车辆的通行效率（图21~图24）。

图21　增设出入口　　　　　　　　　图22　拓宽出入口

图 23　大门道闸后退 　　　　　　　　　图 24　施划黄网格线

2. 精细化交通设计

1）调整路段车道数。调整秋溢路、江二路、东流路等 3 条道路路段车道数，增加 1 条车道，提高路段通行能力（图 25、图 26）。

图 25　江二路改造前 　　　　　　　　　图 26　江二路改造后

2）路口渠化拓宽。压缩滨康－网商、滨安－江淑 4 个路口绿化带宽度，增加进口车道数，提高路口通行能力（图 27、图 28）。

图 27　滨安－江淑西进口改造前 　　　　图 28　滨安－江淑西进口改造后

3. 严格管理车辆违停

1）健全停车诱导体系。通过线下停车诱导屏与线上导航平台相结合的方式，引导车辆至园区企业内部停放（图29）。

图29 二级诱导屏

2）违停抓拍全覆盖。园区新增28套违停抓拍设备，实现禁止停车路段全覆盖，减少车辆违停（图30）。

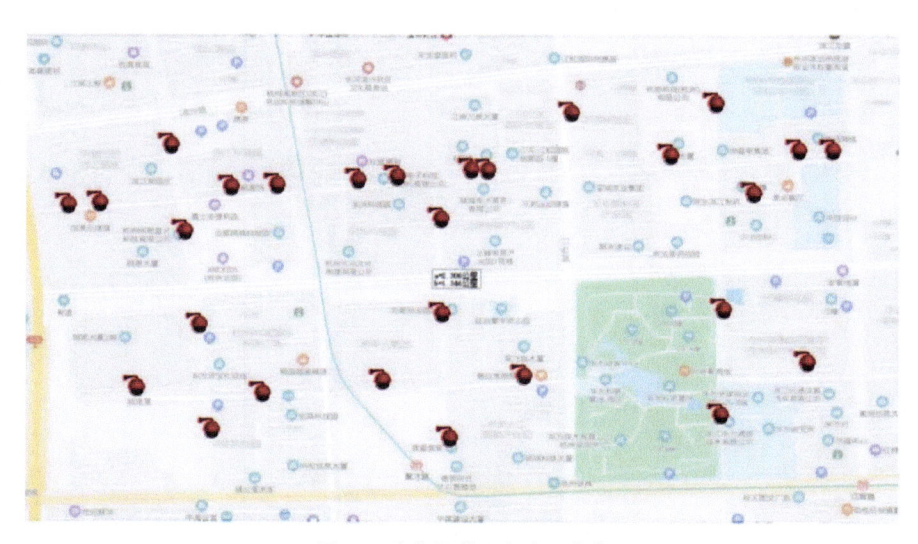

图30 违停抓拍设备建设点位

3）规范机动车临时上下客秩序。建设12个临时上下客区，并配套设置网约车小绿点，规范机动车上下客秩序，减少机动车路侧停放对交通的干扰（图31）。

图 31　临时上下客区及小绿点

4）规范非机动车停放。一是施划 918 个非机动车停放区，规范非机动车停放（图 32）。二是设置 28 处共享单车电子围栏区，避免共享单车在路口违规停放（图 33）。

图 32　非机动车停放区　　　　　　　图 33　共享单车电子围栏区

4. 提升公交出行体验

1）开通接驳专线。针对产业园区重点区域公交线路覆盖不足、接驳专线线路少、地铁站点服务范围覆盖率低等问题，主要采用开通"小区－地铁－园区接驳专线"，优化产业园区周边公共交通，共开通 7 条公交专线，实现重点小区、地铁站、园区串联接驳（图 34、图 35）。

图 34　接驳专线线路　　　　　　　　图 35　接驳公交

2）加强方案宣传。通过新媒体信息推广、园区线下宣讲等方式，宣传定制公交线路走向，积极引导员工乘坐（图 36）。

图 36　方案宣传

实施效果

综合治理后，园区早高峰拥堵指数下降 7.12%，早高峰平均速度提升 11.05%；晚高峰拥堵指数下降 9.74%，晚高峰平均速度提升 13.99%。同时违停车辆大幅减少，非机动车停放秩序不断改善（图 37~图 46）。

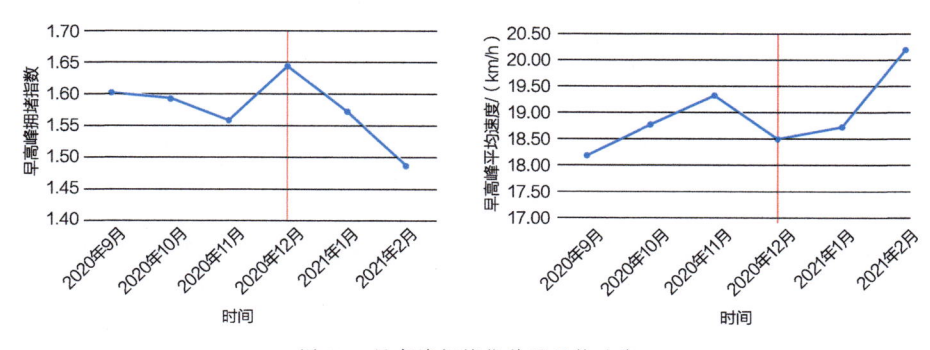

图 37　早高峰拥堵指数及平均速度

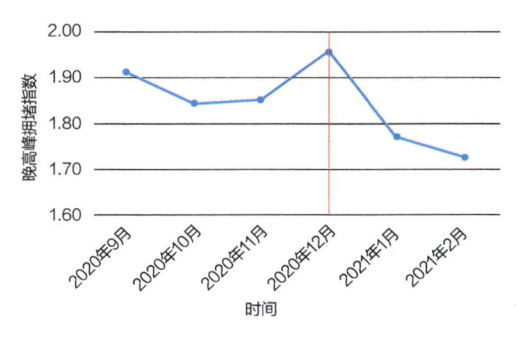

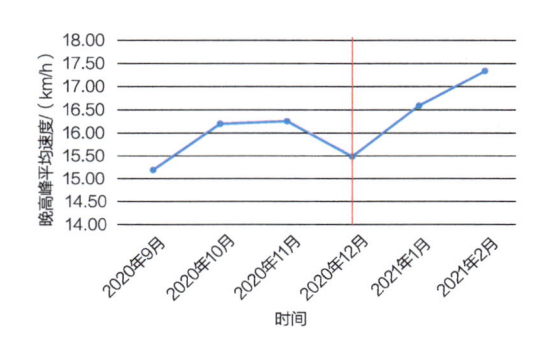

图 38　晚高峰拥堵指数及平均速度

图 39　网商路治理前

图 40　网商路治理后

图 41　秋溢路治理前

图 42　秋溢路治理后

图 43　东流路治理前

图 44　东流路治理后

图 45　秋溢路共享单车治理前　　　　　　图 46　秋溢路共享单车治理后

案例点评

本案例针对杭州市滨江互联网产业园区的交通拥堵、停车不足等问题，以数字化治理为主抓手，通过打造数字化潮汐车道、优化园区出入口、精细渠化交叉路口、健全停车诱导体系、规范临时上下客、开通公交接驳专线等措施，做到了治理措施有的放矢和治理资源的精准配置。综合治堵措施实施后，效果较为明显，实现了"一下降、一提升、一减少、一改善"，即园区周边道路早晚高峰拥堵指数下降，通行速度提升，日均违停车辆明显减少，通行秩序显著改善。

随着信息感知、动态调控、主动诱导等数字化技术的发展，为交通状态分析研判、信号控制调整、路网车流均衡分配、交通拥堵源头治理，以及从被动适应需求向主动适应并引导需求的转变提供坚实支撑。本案例相关数字化方法和创新探索实践，能够对新时期城市交通数字化治理提供参考借鉴。

空间动态优化

多路交叉环岛路口通行能力提升改造

瓶颈路段"可变车道 + 借道左转潮汐车道"的组合应用

运用"可变车道"疏通城区关键节点

多路交叉环岛路口通行能力提升改造

案例简介

随着道路交通流量的大幅增长，环岛内的交通冲突问题越来越突出，通行能力不能适配高峰期间的通行需求。本案例将大型环岛路口改造为典型的十字交叉信号控制路口，并因地制宜采用提前右转、借道左转等措施提升通行效率，设置彩色标线、二次过街安全岛保障慢行过街权益，路口改造后通畅程度和安全性同步提升。

现状及问题分析

东昌路－光岳路交叉口位于山东省聊城市城区东侧，是主城区和开发区相连接的关键节点（图1）。其中，东昌路还是城区重要的东西向主干路，交通通行量较大。改造前，该路口主要存在以下问题：

图1　东昌路及东昌路－光岳路交叉口区位图

1. 承载能力不足，高峰交通拥堵严重

虽然路口环岛直径有90m，环内设置有4条机动车道，但环岛内有5对出入口，且交通信号灯与停车线之间距离过短，蓄车能力差。交通高峰时段车流量达6000辆/h，最高值达7926辆/h，超出环岛交通承载能力，在早晚高峰时段尤其是恶劣天气，进、出转盘的车辆在环岛内变道交织严重，高峰期拥堵向周边道路辐射，引发区域性交通拥堵。

2. 路口为多路交叉，进出交通秩序混乱

东昌路、光岳路、滨河路在该处汇集交叉，其中东昌路、光岳路均为城市主干路，双

向 8 条机动车道，滨河路为城市支路，双向 2 条机动车道，3 条道路在环岛形成瓶颈。东昌路、光岳路路段较宽，且相交的路缘石半径较大，导致路口面积较大，车辆通行路径混乱，西南侧滨河路进出车流干扰主流向通行车流，路口交通秩序总体较差（图 2）。

图 2　东昌路－光岳路改善前航拍图

3. 行人过街困难，机非相互干扰严重

行人在交叉口内的过街距离最大达到 55 m，行人暴露在路口的时间较长，存在一定的安全隐患。非机动车按照机动车相位通行，由于非机动车数量较多且车流存在膨胀效应，占用较多通行空间，同时路口面积大，非机动车过街时间长，机非干扰严重，路口运行效率较低。

4. 信控效果欠佳，车均延误普遍较大

为减少交通流的交织影响，环岛的进出口采用了信号控制，但是由于环内停车等候空间有限，5 组信号灯协同放行复杂，路口的交通信号灯控制发挥的作用有限，无论是高峰还是平峰，车辆的平均延误均比较大。

优化思路

该路口位置和承担的交通作用非常重要，急需针对路口存在的问题，从路口空间形式、交通组织方式、信号控制优化等方面多管齐下、彻底改造，提出以下改善对策：

- 拆除环岛，将路口改造为典型的十字交叉路口，同时拓展排队空间，缩小通行空间，提升路口通行效率。
- 保障主要流向，调整滨河路接入方式，减少支路交织影响。
- 重新进行车道功能分配，明确各向出行者的通行路径。
- 缩短慢行交通出行者的过街距离，提升慢行交通过街的便利性和安全性。

➢ 完善配套标志标线隔离设施，保障运行秩序。
➢ 细化信号控制方案，提升通行效率。

优化改造方案路口仿真演示图如图3所示。

图3　路口仿真演示图

优化措施

1. 路口空间形式改造

1）将通行能力较小的环岛路口改造为十字交叉路口，封闭西南侧滨河路，缩小路口面积，降低路口复杂度。前移停车线，优化机动车、非机动行驶路径，大幅提升通行效率（图4）。

图4　路口改造后实景图

2）在路口 4 个转角均设置了右转标线渠化岛，充分利用道路空间，明确通行权，且渠化岛作为行人安全岛大大缩短了行人通行距离（图 5）。

图 5　转角渠化岛设置

2. 合理配置机动车进出口车道

1）光岳路北进口、东昌路东进口行驶的右转机动车提前借用较宽的非机动车道，并结合路口富余的转角区域，设置右转专用车道，避免右转车进入路口内部干扰通行。

2）东昌路、光岳路道路路幅较宽，直行左转流量均较大，采用借道左转，提升左转通行能力。其中东昌路西进口设置 2 条借道左转车道，提升了西口的通行能力，也便于高峰期间车流"快出"（图 6）。

图 6　借道左转车道设置

3. 优化慢行交通过街路径

1）机非隔离设施带延伸至路口，规范非机动车行驶轨迹，并且分隔出非机动车左转及直行右转专用车道，减小交织干扰。

2）非机动车、行人过街路径采用彩色防滑路面，明确了通行范围，既提升了慢行通行的辨识度和安全性，也减小了非机动车和行人的相互干扰（图7）。

图7 慢行交通过街空间铺设彩色路面

3）在道路中央设置行人二次过街安全岛，提供了过街的驻足空间，保证过街安全性。

4）人行道设置隔离设施，防止行人随意穿行干扰路口运行，同时保障了行人安全。

实施效果

1. 通行能力大幅提升

路口改造后，东昌路连接主城区和开发区的节点被打通，吸引了更多的交通参与者选择在此通行，路口日均车流量由改造前的3.2万辆次增加至3.6万辆次，流量增加了12.5%，但是车均通过时间缩短了一半（图8）。

2. 提升机动车通行效率

右转提前分出，大幅度减小了右转机动车与慢行交通在路口范围内的交织，右转通行能力提升了20%。

3. 提升慢行过街体验

通过设置标线岛，行人及非机动车过街距离缩小为原来的2/3，配合中央行人二次过街安全岛，行人过街更加安全，体验感更好。

图8　高峰期运行状态

案例点评

本案例是一个典型的将环岛路口改造为常规十字交叉路口的成功案例，有以下几个特点：一是道路条件好，路口本身空间大，有改造余地；二是通过改造为常规十字路口，解决了五路交叉的问题，将路口的复杂性降低，有利于交通流的合理组织；三是拓展了进出口道的数量，提升了路口的通行能力，大幅降低了路口拥堵程度，路口通行效率改善显著；四是通过精细化设置标志标线和彩色路面，不仅明确了路权，更美化了路口环境，提升了出行体验。

本案例也有一些不足之处需要指出：一是渠化岛用标线的形式不太安全，尤其夜间从驾驶人的角度来看，不容易分清车道边界，需要增加一些安全防护设施来引导车辆、保护渠化岛内的行人，或者在稳定运行一段时候后，直接改造为物理渠化岛，提供更加安全的道路空间；二是"借道左转"措施的使用略显过度，在道路空间充足的情况下，优先选用"增加左转车道＋优化信号配时"的方式来解决左转流量大的问题，或者采用"左转可变车道"来解决不均衡的问题，该路口直接用"借道左转"的方式，增加了通行安全隐患。

瓶颈路段"可变车道+借道左转潮汐车道"的组合应用

案例简介

部分交通拥堵路段的交通流量流向不均衡特征明显，但道路时空资源利用并不充分，形成通行瓶颈。本案例中的通勤干路局部路段就存在左转与直行流量各时段不均衡、上下游车道不够匹配、道路资源仍有富余等情况，通过采用"直左可变车道+借道左转潮汐车道"的交通组织模式，充分利用道路资源，保障主要流向、兼顾转向流向，基于道路空间的动态利用来提升路口通行能力，有效缓解瓶颈路段交通拥堵。

现状及问题分析

望江西路是合肥市贯穿东西向的主干路，也是连接市区与高新区的重要通道，早晚高峰期间饱和度高且存在交通流潮汐现象，尤其以望江西路（枫林路－永和路）段更为突出（图1、图2）。

图1 望江西路（枫林路－永和路）位置图

图2 望江西路与枫林路高峰期拥堵情况

1. 路段交通流存在潮汐现象

通过对道路通行情况持续观察及交通流量调查，早高峰主要交通主流向为东向西，晚高峰主要交通方向为西向东。流量调查结果见表1和表2。

表1　早高峰 7:30—8:30 交通流向流量　　　　　　　　　　（单位：pcu/h）

		北进口	南进口	西进口	东进口
望江西路和枫林路交叉口	左转	34	657	219	17
	直行	177	417	748	2460
	右转	1073	6	309	160
		北进口	南进口	西进口	东进口
望江西路和浮山路交叉口	左转	360	140	7	186
	直行	0	220	686	691
	右转	103	450	40	141
		北进口	南进口	西进口	东进口
望江西路和永和路交叉口	左转	450	219	40	124
	直行	585	367	516	861
	右转	90	59	97	141

表2　晚高峰 17:30—18:30 交通流向流量　　　　　　　　（单位：pcu/h）

		北进口	南进口	西进口	东进口
望江西路和枫林路交叉口	左转	187	379	188	36
	直行	424	455	1228	672
	右转	249	38	148	61
		北进口	南进口	西进口	东进口
望江西路和浮山路交叉口	左转	227	70	0	279
	直行	51	95	2542	647
	右转	0	697	25	193
		北进口	南进口	西进口	东进口
望江西路和永和路交叉口	左转	943	51	13	16
	直行	246	63	1350	534
	右转	76	82	225	174

2. 交叉口瓶颈现象突出

望江西路整体通行能力较强，横向交通吸引少，大量通勤车辆可快速汇集至望江西路与枫林路交叉口。望江西路高峰期间，流量不均衡，潮汐现象显著，而枫林路受生态红线的限制，道路空间资源有限，慢行系统不完善，限制了交叉口通行效率，高峰期间易形成交通瓶颈。

优化思路

- 针对望江西路东西向交通高峰期流量较大的特点，在枫林路、浮山路、永和路东西向进口道设置直行、左转可变车道，在高峰期提高直行车辆通行能力，缓解东西向交通压力。
- 针对枫林路道路空间资源少、无法拓展的问题，早高峰期间禁止望江西路与枫林路东进口车辆左转，左转车辆通过路口后掉头，或引导至下游的望江西路与浮山路交叉口左转。
- 针对望江西路与浮山路左转车辆增大的问题，借用东出口道设置左转潮汐车道，即借道左转，满足左转车辆的通行需求。

优化措施

1. 望江西路与枫林路交叉口设置可变车道和借道左转的潮汐车道（图3）

图3　望江西路与枫林路交叉口改善措施

1）东进口将左转车道设置为左转、直行可变车道（图4）。早高峰时段（7:00—9:00）东进口禁止左转，原左转车道变更为直行车道，左转弯车辆可直行通过路口进行掉头。

2）西进口借用对向车道增加设置借道左转潮汐车道（图5）。晚高峰时段（16:30—19:00）由西向东方向左转进入枫林路车辆，有两个车道可以左转。其他时间段，所有车辆按照平峰交通组织方式有序通行。

图 4　望江西路与枫林路东进口左转车道改为可变车道

图 5　望江西路与枫林路西进口增设借道左转潮汐车道

3）枫林路由于早晚高峰往望江西路（西段）的车流量较大，也将南北进口各一个直行车道改为"可变车道"（图 6）。北进口，早晚高峰期间第二车道变更为左转，平峰变为直行；南进口，早高峰期间右侧第二车道变为右转，其他时间段则变为直行。

图 6　望江西路与枫林路北进口、南进口分别设置可变车道

2. 望江西路与浮山路交叉口东进口设置可变车道和借道左转潮汐车道（图 7）

图 7　望江西路与浮山路交叉口东进口改善措施一

为保障直行车流，在东进口将左转车道改为左转、直行可变车道，同时，为满足左转需求，借用对向车道设置借道左转潮汐车道。早高峰，望江西路与浮山路交叉口原左转车道变更为直行车道，左转车辆需通过中分带开口借道对向一个车道进行左转（图8）。

图8　望江西路与浮山路交叉口东进口改善措施二

3. 望江西路与永和路交叉口将左转车道改为可变车道（图9）

图9　望江西路与永和路交叉口改善措施

望江西路与永和路交叉口东进口道内侧左转车道设置为左转、直行可变车道，早高峰禁止左转，左转车道变为直行车道（图10）。

图 10　望江西路与永和路交叉口东进口设置可变车道

4. 配合设置相应的标志

在进口道前，设置提醒标志，引导车辆正确选择车道（图 11）。

图 11　设置可变车道引导标志

案例点评

本案例针对交通流量高峰潮汐现象显著、主流向需求大等因素导致的路段交通拥堵现象，采用设置可变车道解决主流向进口车道通行能力不足的矛盾，同时采用借道左转潮汐车道兼顾部分路口左转需求,从而有效缓解了路段通行"瓶颈"的问题。改造实施后,望江西路(枫林路－永和路)段车辆通行能力有了较大幅度的提升,缓解了早晚高峰期间道路交通流潮汐现象造成的拥堵,显著缩短了高峰持续时间,效果良好。

  这个案例对城市通勤主干路局部路段高峰拥堵问题的缓解有几点启示:一是要解决主要矛盾,分析清楚哪些交通流是主流向,需要重点保证,例如本案例中的东西向高峰通勤性交通流是主要流向,应充分提供通行条件;二是要结合实际条件,可以通过拓宽进口道增加车道、禁止左转设置可变车道、借用对向车道等方式来提升主流向通行能力,关键看道路有没有空间和流量时变特征;三是要兼顾其他交通流向的需求,充分论证非主要流向交通需求的时空占用效率,可以采用"禁止左转＋远引掉头＋绕行"等方式满足需求。

运用"可变车道"疏通城区关键节点

案例简介

　　一些城市道路交叉口存在交通流分布不均衡的现象，但"固化"的车道功能设置显然不能满足车流时多时少的变化需求，采用"可变车道"的方式是一种较好的解决路径。本案例的交叉口在高峰时段直行、左转车流不均衡，排队车辆互相阻挡造成拥堵，配时优化提升空间不大。根据该交叉口的道路条件和交通流变化规律，在采用可变车道、借道左转、精细化配时等组合措施后，高峰拥堵得到显著改善。

现状及问题分析

　　泉北大街－襄都路交叉口位于邢台市襄都区，由东西向泉北大街与南北向襄都路相交而成。泉北大街、襄都路均为邢台市通勤主干道，其中，泉北大街东西双向6车道，襄都路南北双向8车道，承载着市区东部片区主要交通流，路口周边以医院、住宅社区、汽配城及商业楼为主，吸引了大量的交通流（图1、图2）。

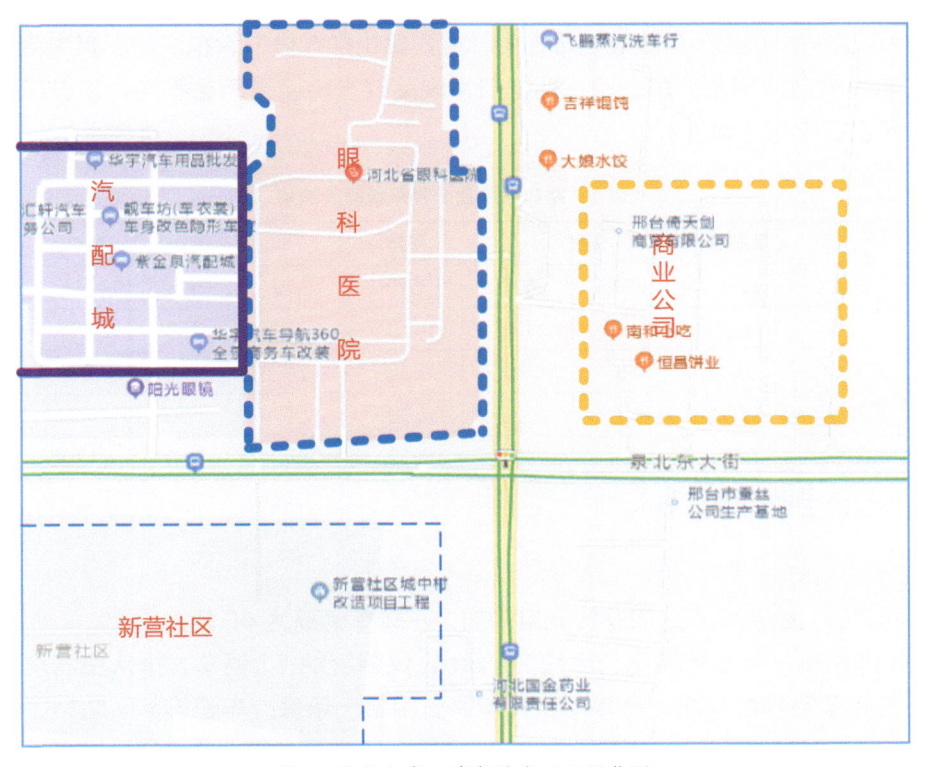

图1　泉北大街－襄都路交叉口区位图

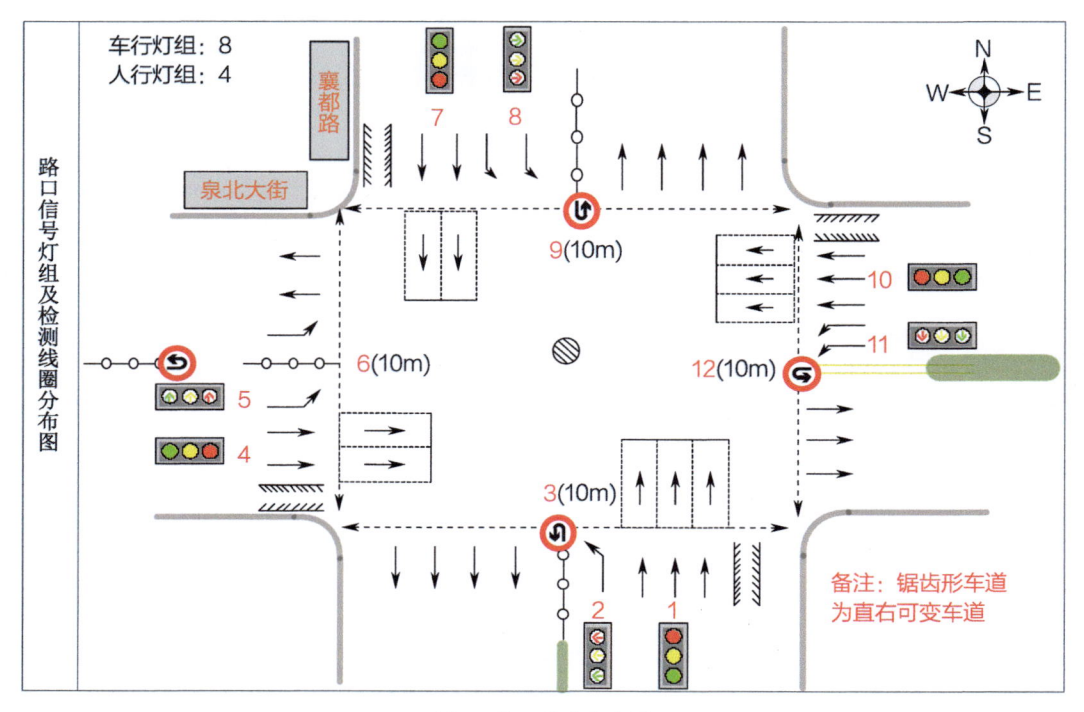

图2 路口基本信息图

经调研发现，该路口早高峰（7:30—8:30）车流以出城为主，主要集中在南进口、西进口；晚高峰（17:30—18:30）车流以回城为主，主要集中在北进口、东进口，其中南北向早晚高峰存在明显的潮汐现象；东进口、西进口早晚高峰左转流量严重不均，东进口左转流量明显大于西进口流量（表1）。

表1 路口早晚高峰和平峰时段流量　　　　　　　　　　　　　（单位：pcu/h）

入口	早高峰 左转	早高峰 直行	早高峰 右转	平峰 左转	平峰 直行	平峰 右转	晚高峰 左转	晚高峰 直行	晚高峰 右转
东进口	225	360	112	198	400	78	383	877	112
西进口	135	652	68	95	330	50	128	398	67
南进口	225	1140	67	132	500	86	180	495	63
北进口	270	540	45	185	612	55	202	1395	60

路口存在的主要问题如下：

1. 东进口直行与左转车辆冲突，通行效率较低

经实地调研，晚高峰东进口左转流量增加，左转车辆高达 40 辆及以上，一个周期平均仅通过 18 辆左右，而左转展宽长度约为 75m，仅能容纳 11 辆车，排队空间严重不足，无法满足左转车辆等候需求。高峰期左转车辆占用第一条直行车道排队，阻挡了直行车辆驶入直行车道，导致直行车道利用率较低，而左转车辆也至少需要排 2 次队才能通过路口，且左转车辆与直行车辆交织，易发生剐蹭事故，加剧路口拥堵（图3）。

图3　高峰期东进口运行情况（优化前）

2. 南进口左转排队长，影响直行车辆通行

路口南进口共5条车道，从左到右分别为"1左转+3直行+1直右可变"。高峰时南北进口左转流量较大，南进口仅有一条左转车道，且车辆聚集较快，左转车辆排队较长，影响直行车辆正常进入第一条直行车道，降低直行车道利用率（图4）。

图4　南进口左转运行情况（优化前）

3. 信号控制方案粗放，未能匹配实际需求

优化改善前，路口全天仅设置2个放行相位和3个时段控制方案，难以满足高峰通行需求（图5、表2）。

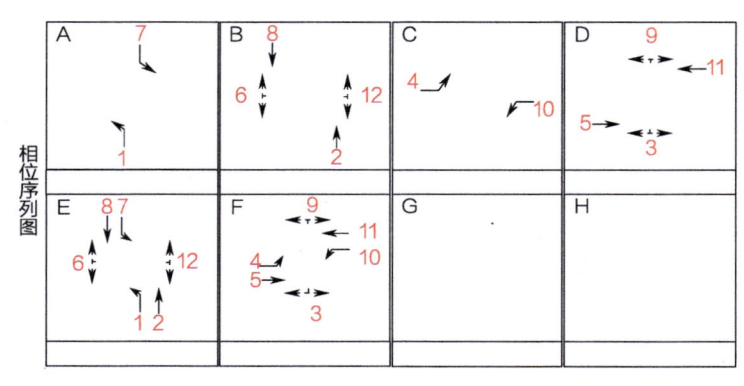

图 5　信号控制相位图（优化前）

表 2　信号配时方案表（优化前）　　　　　　　　　　　　　　　　（单位：s）

序号	开始时间	结束时间	方案号	相序	周期	相位配时 A	B	C	D	E	F
1	07:00	08:30	2	A-B-C-D	159	30+3	47+3+2	30+3	36+3+2		
2	08:00	17:30	1	A-B-C-D	147	25+3	39+3+2	30+3	37+3+2		
3	17:30	18:30	2	A-B-C-D	159	30+3	47+3+2	30+3	36+3+2		
4	18:30	22:00	1	A-B-C-D	147	25+3	39+3+2	30+3	37+3+2		
5	22:00	07:00	3	E-F	74					34+3	34+3

注：A 相位为南北左转，B 相位为南北直行，C 相位为东西左转，D 相位为东西直行，E 相位为南北直行左转同放，F 相位为东西直行左转同放。

优化思路

➢ 运用可变车道解决东进口的直行、左转排队冲突问题。东进口增加一条直左可变车道，平峰时段该车道为直行车道，高峰期为左转车道，以满足不同时段的车流量变化，减少冲突点，提升左转通行效率。

➢ 增设借道左转车道，缓解南进口左转排队较长的问题。南出口有空间可以增设南进口的借道左转车道，提高左转通行量，缩短排队长度和时间，从而提升南进口通行效率。

➢ 增加和细化信号配时方案。重点针对早晚高峰信号控制方案精细优化，根据高峰期路口各个进口不同时段的流量变化，设置不同的配时方案，达到均衡交通流的目的，从而提高路口总体通行效率。

优化措施

1. 东进口将一条直行车道改为可变车道

东进口高峰期左转车辆较多，平峰期左转车辆较少，直行车辆较多。将东进口第三条直行车道改为可变车道，平峰时段（09:00—17:20）为直行车道，高峰时段（07:00—

09:00、17:20—19:00）为左转车道，提高该车道的全天利用率，同时提高东进口的通行效率，减少排队长度。该可变车道设置醒目的可变车道LED牌提醒驾驶人，避免到达路口后再变道的情况发生，减少安全隐患。

2. 南进口增加一条借道左转车道

路口高峰期南进口直行、左转车辆均较多，直行车道基本可以满足车辆通行需求，但仅一条左转车道无法满足左转车辆通行需求。考虑到南进口出口有4条车道，满足借道左转设置条件，因此在南进口设置借道左转车道，以提高左转通行量，缓解高峰排队现状，达到合理科学利用道路资源，提高南进口通行效率的目的（图6）。

图6　泉北大街-襄都路路口交通组织优化方案图

3. 配时方案精细化，匹配流量需求

根据不同时段的车流量对各个相位的放行时间进行调整，细化了控制时段，并考虑可变车道、借道左转车道设置后，排队长度有所缩短，在满足时变流量通行需求的基础上，适当压缩了周期长度，有效避免高峰期路口发生拥堵情况（表3）。

表3　泉北大街-襄都路路口配时方案（优化后）　　　　　　　　　　（单位：s）

序号	开始时间	结束时间	方案号	相序	周期	A	B	C	D	E	F
1	07:00	08:10	2	A-B-C-D	155	30	40	30	55		
2	08:10	08:50	6	A-B-C-D	160	30	48	32	50		
3	08:50	17:20	1	A-B-C-D	130	27	37	28	38		
4	17:20	18:20	2	A-B-C-D	155	30	40	30	55		
5	18:20	19:20	6	A-B-C-D	160	30	48	32	50		
6	19:20	22:00	1	A-B-C-D	130	27	37	28	38		
7	22:00	07:00	3	E-F	74					37	37

注：A相位为南北左转，B相位为南北直行，C相位为东西左转，D相位为东西直行，E相位为南北直行左转同放，F相位为东西直行左转同放。

实施效果

优化后,高峰期该路口东进口左转车辆基本可以一次性通过路口,直左车辆交织冲突现象得到明显缓解。单位绿灯平均放行左转车辆数由优化前的 18 辆增加至 26 辆,优化率达 44.4%;排队长度由优化前的平均 29 辆减少到 18 辆,优化率达 37.9%。

高峰期间该路口南进口的左转车辆基本可以一次通过,二次排队现象基本消除,单位绿灯平均通过量由优化前的 11 辆提高至 19 辆,优化率为 72.7%(图 7~图 10)。

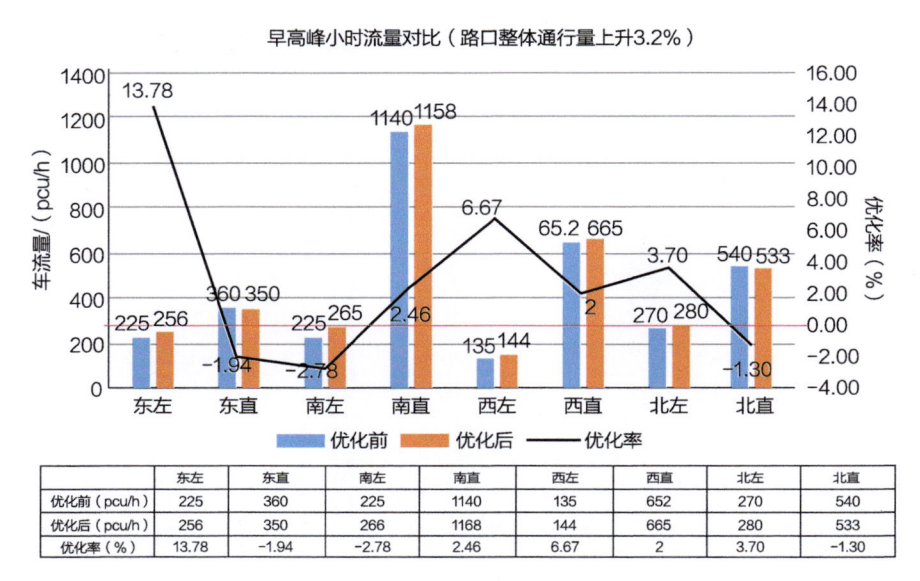

早高峰小时流量对比(路口整体通行量上升3.2%)

	东左	东直	南左	南直	西左	西直	北左	北直
优化前(pcu/h)	225	360	225	1140	135	652	270	540
优化后(pcu/h)	256	350	266	1168	144	665	280	533
优化率(%)	13.78	-1.94	-2.78	2.46	6.67	2	3.70	-1.30

图 7 早高峰路口优化前后数据对比

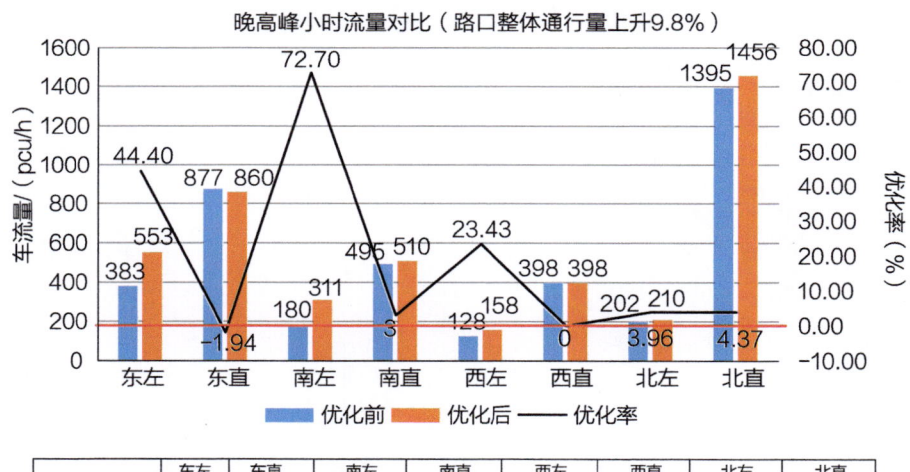

晚高峰小时流量对比(路口整体通行量上升9.8%)

	东左	东直	南左	南直	西左	西直	北左	北直
优化前(pcu/h)	383	877	180	493	128	398	202	1395
优化后(pcu/h)	553	860	311	510	158	398	210	1456
优化率(%)	44.40	-1.94	72.70	3	23.43	0	3.96	4.37

图 8 晚高峰路口优化前后数据对比

图9　晚高峰东进口运行情况（优化后）

图10　南进口一个绿灯后左转车辆排队情况（优化后）

案例点评

本案例针对交叉口不同时段流量流向分布变化较大的问题，充分利用道路空间，在有中央绿化带的一个方向上采用直行、左转可变车道的方式解决左转、直行排队相互影响的问题，在无中央绿化带的另一方向采用借道左转的方式解决左转需求大的问题，同时细化信号配时方案和时段，较好地缓解了路口拥堵问题。本案例对交通流时变特征观察仔细，分析充分，采取的措施针对性强，因地制宜地采取两种解决左转排队的方案，对于其他类似路口拥堵问题的解决有很好的借鉴作用。

在实际的路口优化时，经常会发现一些路口在高峰和平峰期间存在车流量不均衡的情况或某一方向的车流存在潮汐现象，此时如果仅仅依靠调整信号配时或者放行方式来优化，可能会造成其他方向的车流拥堵或车道空间能力浪费现象。因此，需要考虑配合车道功能的动态优化来解决问题，如果道路空间允许，那么设置"可变车道"或"借道左转"车道等是最大化利用道路时空资源的有效途径。需要注意的是，在采用这些"非常规"措施时，一定要配套设置好相关标志、标线和信号设施，并充分考虑车道功能"变化"期间的过渡方式，保证充足的车道清空时间，避免因车辆在车道内滞留带来的隐患。

施工交通组织

施工作业区单向交通组织优化

施工路段信号优化与交通组织协同管控

地铁占道施工交通组织精细化管控

施工作业区单向交通组织优化

案例简介

施工作业区由于占用道路、交通环境改变、车辆通行不畅，容易产生交通拥堵，往往是城市交通秩序乱点和瓶颈点。本案例道路受地铁施工影响，部分路幅被占用，交通运行不畅，交通通行和施工均受到影响。为解决该路段交通运行与占道作业区的矛盾，缓解该路段交通压力，通过开展周边用地、路网结构、交通流量等数据调查，在分析研判现状问题的基础上制定了改善措施，会同相关部门，研究比选并确定了单向交通组织方案。方案实施后，周边交通拥堵状况明显缓解。

现状及问题分析

竹山路为南京市南北向主干路，道路西侧以住宅用地为主，为潭桥公寓、天泽苑小区；道路东侧以工业用地为主（图1、图2）。

图1 竹山路周边区位状况

图 2　竹山路施工占道实景及拥堵现状

（1）周边路网状况

竹山路西侧南北向道路为兴宁路，道路东侧为兴民南路、开源路，该区域路网规整，东西向、南北向间距均在 450m 以内，路网条件较好（图 3）。

图 3　周边路网状况

（2）作业区现状分析

竹山路（科建路－彤天路）地铁施工作业区占道 1.5 万 m²，占用原车行道面积的 50% 以上。作业区路段为双向两车道，道路东侧为施工围挡区域，西侧为居民区及沿街商铺，且小区主要进出口均位于该路段，导致该路段通行困难，高峰时段交通秩序较差。

（3）交通运行现状

为全面摸清片区周边交通需求，把握周边道路的分流承受能力，调查选取了 3 个主要交叉口、15 个周边及区域集散小节点交叉口，以及若干个关键路段进行交通量统计分析。片区内现状道路流量适中，交通服务水平在 C 级以上；片区北侧天元东路兼具过境和集散功能，交通流量较大，部分路段拥堵严重，交通服务水平为 E~F 级（图 4）。

此外，还利用无人机对竹山路、科建路、彤天路等重要节点交通流量进行了航拍调查。竹山路双向高峰流量为 1847pcu/h，基本饱和（图 5~图 7）。

图 4　片区道路现状饱和度 Transcad 建模

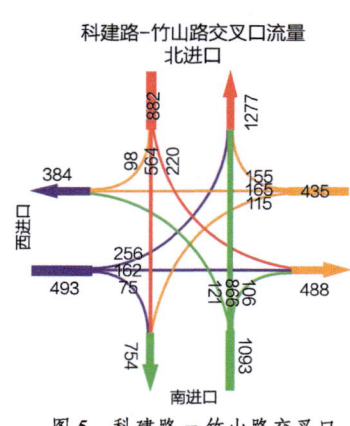

图 5　科建路-竹山路交叉口流量流向（pcu/h）

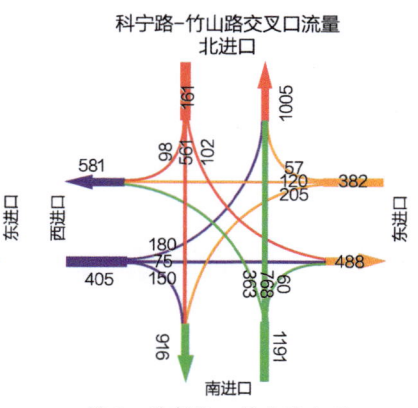

图 6　科宁路-竹山路交叉口流量流向（pcu/h）

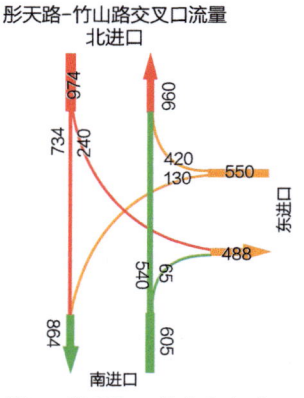

图 7　彤天路-竹山路交叉口流量流向（pcu/h）

优化思路

- 采取单向交通组织，减少交织。竹山路（科建路－彤天路）周边路网结构较为完善，与其平行的道路间距均在400m左右，满足单向交通路网间距要求，因而考虑采用单向交通组织均衡交通负荷。
- 优化信号配时方案。调整部分路口信号配时方案，与单行方案相匹配。
- 完善交通设施。完善单行标志提醒，提前引导车辆绕行。

优化措施

1. 确定单行交织组织方案

（1）确定单行方向

通过数据分析，竹山路北向南单行时，道路交通饱和度为0.75；南向北单行时，道路交通饱和度为0.89（图8、图9）。可推断竹山路北向南单向通行方案影响程度较低，最终确定竹山路单行方向为由北向南。

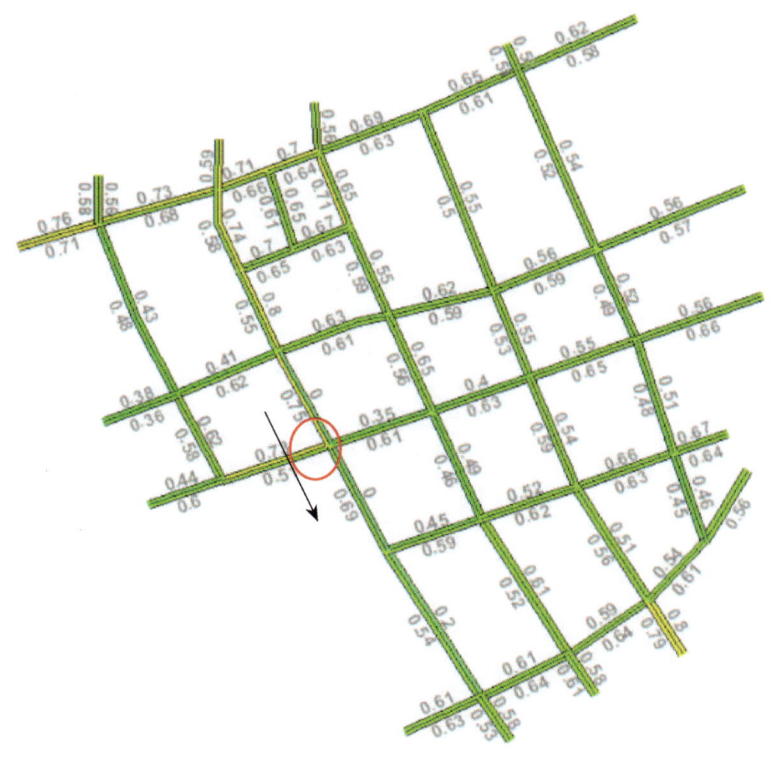

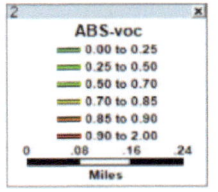

图8　竹山路北向南单行饱和度 Transcad 建模

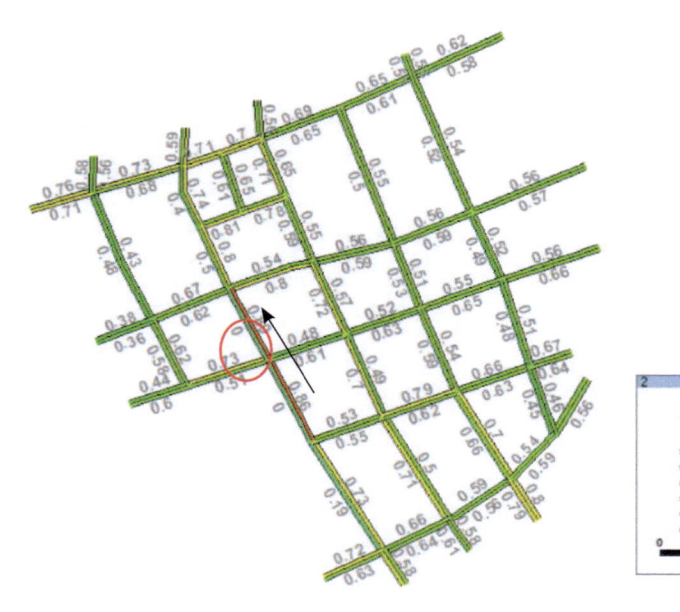

图9 竹山路南向北单行饱和度 Transcad 建模

（2）完善单向通行路段设计

采取单向交通组织后，需同步完善路段交通工程设计，主要包括横断面、进出口道渠化、交通设施设计等内容。从"作业区路段畅通有序"的需求出发，通过合理的横断面布置、隔离栏设置、渠化调整，达到机动车、非机动车、行人各行其道、畅通有序的目的（图10~图13）。

图10 竹山路－科宁路路口原状

图11 竹山路－科宁路路口单行组织改造后

图12 竹山路－彤天路路口原状

图13 竹山路－彤天路路口单行组织改造后

2. 设计绕行路线

竹山路单行后，部分车辆需要绕行（图14）。竹山路（彤天路以南）由南向北机动车可经彤天路→兴民南路→科建路通行，绕行距离约390m。

竹山路（潭桥公寓）原由南向北车辆可经科宁路→兴宁路/兴民南路通行，绕行距离500m。

竹山路（天泽苑）原由南向北车辆可经竹山路→彤天路→兴民南路通行，绕行距离650m。

图14 绕行线路

3. 改善周边道路及路口交通组织

1）兴民南路－彤天路渠化调整。为满足竹山路自南向北交通流经由彤天路绕行兴民南路需求，对下游路口彤天路－兴民南路交叉口进行渠化调整，在确保该路口进、出口车道数量匹配的前提下，西进口增设一个左转车道，提高左转通行能力（图15）。

图15 兴民南路－彤天路路口渠化调整

2）取消原兴民南路停车位，利用道路临近工地开辟临时停车场缓解停车难题，减少机非混行的状况，提高路段通行能力。

3）兴宁路－天元东路渠化调整。南进口原右侧左转专用车道调整为直行左转可变车道，其他直行车道增设直行待行区，同时增设 LED 悬臂诱导屏，引导车辆提前驶入待行区，优化该节点的通行效率。

4. 优化路口信号配时

基于现有信号控制，结合单行交通组织方案，调整相关路口的信号配时方案。

（1）单行路段信号配时调整

因竹山路改为由北向南单向通行，由南向北方向仅需满足非机动车与行人通行需求，因此，缩减竹山路－科宁路交叉口、竹山路－彤天路交叉口由南向北绿灯时长，降低相位绿信比，提高路口的通行效率。

（2）周边路口配时调整

方案实施后，对周边主要路口运行情况进行跟踪，科宁路－彤天路交叉口南进口晚高峰交通需求较方案实施前有所增加，根据现场流量，延长南进口的放行时间，交通拥堵得到有效缓解。

5. 完善交通设施

在周边路网临近道路设置竹山路单行告示牌，提前引导车辆绕行（图16）。

图 16　绕行提示标志

6. 开展交通宣传

单向交通组织方案在充分征求各方意见的基础上，按法定期限提前向社会进行公告（图17）。

关于竹山路（科建路至彤天路）实行单向通行的通告

04-01 09:50

【关于竹山路（科建路至彤天路）实行单向通行的通告】受地铁5号线竹山路站施工影响，自2021年4月6日起，竹山路（科建路至彤天路）机动车由北向南单向通行，禁止机动车由南向北通行。请交通参与者提前做好出行规划，自觉遵守本公告和现场交通标志、标线，服从现场管理人员管理。

图 17 竹山路单向通行通告

对影响较大的两个小区（潭桥公寓、天泽苑）进行重点宣传，最大限度地减少单向通行方案对市民出行的影响（图18）。

图 18 告示宣传牌

实施效果

方案实际运行一周后，通过采集相关数据，对运行效果开展评估。作业区路段机动车平均行程时间缩短19.3%，交通量降低16.5%，竹山路-科建路交叉口交通量上升4.9%，竹山路-彤天路交叉口交通量上升5.8%，路网整体运行态势较单向交通实施前明显改善（图19~图22）。

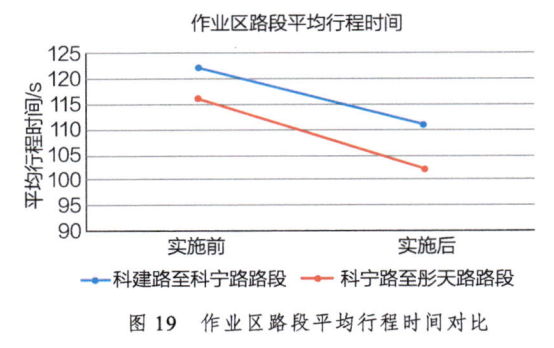

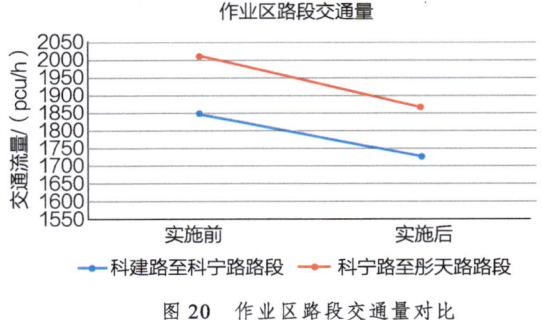

图 19 作业区路段平均行程时间对比

图 20 作业区路段交通量对比

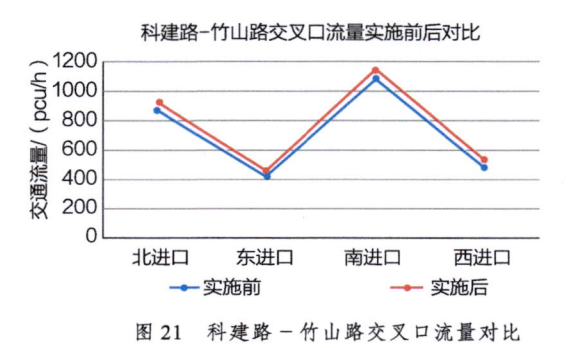

图 21　科建路－竹山路交叉口流量对比　　　　图 22　彤天路－竹山路交叉口流量对比

案例点评

城市道路占道施工影响交通运行，采用单向交通组织是常用的交通管理方法。但单向交通组织方案的选择和生成，一般基于路面管理的经验来制定，方案的科学性、合理性缺乏定性定量的分析。本案例通过路网建模、数据采集、仿真分析等方式研判路段现状问题，用于支撑交通组织方案优化，确定路段单向行驶方向。另外，配合单行方案，同步调整路口信号控制方案、优化路口渠化、取消路段停车、增设提醒标志，提升片区整体交通通行能力。方案实施后，施工路段运行效率明显提高，有效缓解了周边交通的拥堵状况。

在交通组织优化方案制定过程中，可依据交通检测数据、交通仿真技术等开展交通运行情况分析研判，并制定不同优化方案，合理进行方案比选，提高方案科学性；在方案执行过程中，可通过加强交通诱导、信息发布等方式，提升方案执行效果。

施工路段信号优化与交通组织协同管控

案例简介

随着城市更新工作推进，很多城市对基础交通设施开展了功能优化和品质提升工作。设施改扩建工程期间，因占道施工作业，给路段交通运行带来了影响。本案例中，通过对施工区域道路沿线交叉口的信号配时优化、相位搭接、路段协调、车道功能调整、车辆分流、引导绕行等措施综合使用，有效缓解高峰期因施工占道带来的拥堵、空放、排队溢出等一系列问题。

现状及问题分析

友谊路为唐山市区南北向主干路，贯穿路南区和路北区，双向 8 车道。路段中部位置是大型小区出入口，周边分布有两大商场，日常车流量大。因自来水管改建工程，需要对友谊路（兴源道－北新道）路段由南向北内侧直右车道和最右侧两条直行车道进行封闭施工，封闭施工路段长 528m。因为占道施工，南向北车道由 4 条缩减为 2 条，导致晚高峰期间交通严重拥堵（图1、图2）。

图 1　施工路段地理位置

图 2　施工占道示意

1. 德源里－友谊路路口通行能力降低，路口发生回溢

因占道施工，德源里－友谊路路口车道减少，仅剩一条直行车道，并且由于直行车流量较大，导致南进口直行排队车辆回溢至上游的北新道－友谊路，部分车辆因为排队过长，违法占用临时非机动车道，对非机动车和行人通行带来安全隐患。此外，因路口空间被占用，掉头半径不足，掉头车辆阻挡直行车辆，也造成车辆堆积（图3、图4）。

图 3　德源里－友谊路交叉口车辆运行情况

图 4　德源里－友谊路交叉口直行与左转车辆排队长度对比

2. 北新道－友谊路路口借道左转车道被占，左转通行效率降低

北新道－友谊路北进口原本采用了借道左转组织措施，但是因德源里－友谊路南进口的排队车辆溢出，借用车道被其占用，造成了北新道－友谊路路口的借道左转措施不能正常发挥作用，致使左转车辆排队过长，加剧了路段拥堵（图5）。

图 5　北新道－友谊路借道左转车道被占用

3. 兴源道－友谊路路口空放现象严重

德源里－友谊路口南进口因占道施工造成通行效率较低，车流不能及时到达下游的兴源道－友谊路，其路口信号配时也未及时进行调整，造成南进口空放，南向北绿灯时间严重浪费（图6）。

图 6　兴源道-友谊路路口排队情况

优化思路

该路段交通功能显著，由于对占道施工将会造成的影响预估不足，施工期间带来的一系列问题严重干扰了交通正常运行，急需开展施工期间交通组织优化。考虑到空间有限性，在优化过程中，重点对信号控制方案进行优化，充分挖掘时间资源，缓解占道施工带来的影响，主要优化思路如下：

- 利用搭接相位、重复放行等方式，优化每个交叉口信号配时方案，实现个体放行最优。
- 利用相位差，对3个路口进行信号协调优化，提升路段整体通行效率。
- 结合优化后的信号方案，重新分配车道功能，提高道路资源利用效率。
- 设计绕行方案，发挥路网分流效能，实现施工路段泄压。

优化措施

1. 调整单路口的信号控制方案

在兴源道、德源里2个路口增加南进口的单放相位，先放行南进口排队车辆，缩短车辆排队长度。同时增加德源里路口信号周期时长，采用重复放行的控制方式，利用少量多次放行方法，减少车辆堆积，消除路口溢出现象，解决德源里路口南进口排队过长，占用北新道路口借道左转车道的问题（图7、图8）。

兴源道-友谊路（晚高峰）							
时间段	周期	东西左转南北右	东西直行	南北左转	南北直行	南北直右	备注
16:30—19:30	151	20+3+1	35+3+1	22+3+1	20+3+0	35+3+1	蓝色箭头为借道左转迟开，红色箭头为借道左转闭。早闭18s

a）优化前

图 7　兴源道路口相位及配时情况（s）

时间段	周期	东西左转南北右	东西直行	南北左转	南单放	南北直行	南北直右	备注
				兴源道-友谊路（晚高峰增加单放相位）				
16:30—19:30	158	18+3+1	39+3+1	22+3+1	10+3+0	17+3+0	30+3+1	蓝色箭头为借道左转迟开，红色箭头为借道左转早闭。早闭18s

b）优化后

图 7　兴源道路口相位及配时情况（s）（续）

时间段	周期	东西放行	南北放行
		德源里-友谊路（优化前）	
17:00—20:00	71	25+3+1	38+3+1

a）优化前

时间段	周期	东西放行	南单放	南北放行	东西放行	南北放行
		德源里-友谊路（晚高峰增加单放措施）				
17:00—19:30	158	25+3+1	30+3+0	38+3+1	15+3+2	29+3+2

b）优化后

图 8　德源里路口相位及配时情况（s）

2. 三路口实施协同管控

为避免施工路段车辆堆积，减少通过路段的停车次数，对3个路口采用绿波协调控制（图9）。以南向北直行为协调方向，缓解路段各路口南向北车流压力，同时减少掉头车辆对德源里路口的影响。

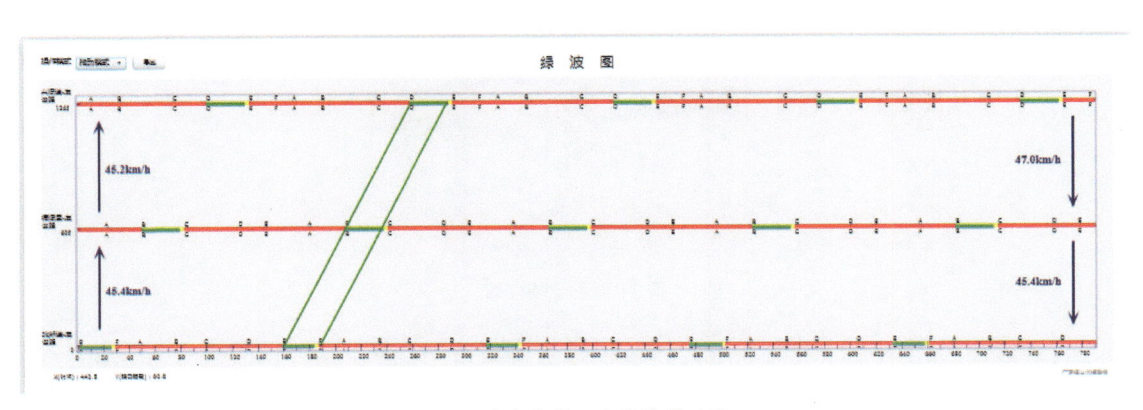

图 9　晚高峰施工路段协调时距

3. 优化调整车道功能

将德源里－友谊路交叉口原来的左转掉头车道改为直行左转掉头车道，并采用单口放行模式，提高道路利用率，缓解直行车道排队较长问题（图10）。

图10　德源里路口南进口地面标线（优化后）

4. 实施路网绕行分流

在友谊路南段，北新路路口的南进口上游，设置交通指示牌及LED诱导屏，指示由南向北车辆在北新道－友谊路交叉口处转向，选择光明路或大里路绕行。

绕行路线一：南向北车辆由北新道路口南进口左转进入北新道至光明路进行绕行。

绕行路线二：南向北车辆由北新道路口南进口右转进入北新道至大里路进行绕行，并根据车流量变化调整相应路口信号配时，为施工路段分担车流压力（图11）。

图11　绕行路线图

实施效果

措施实施后一周内，对施工路段的交通运行情况进行跟踪。各交叉口南北进口晚高峰优化效果明显，进口道排队长度、小时通过车流量以及停车次数均较实施前有了较大的改善。

所有路口高峰期的排队长度较之前明显缩短，平均改善率在 20% 左右（表 1）。各路口小时通过车流量均有不同幅度的提升，其中北新道 - 友谊路交叉口与德源里 - 友谊路交叉口南进口的流量提升超过 20%（表 2）。

实施路段协调优化后，路口停车次数明显减少。优化前 3 个路口停车次数平均为 3 次，优化后减少至 1~2 次，路段通行效率提高，驾驶体验感提升（图 12、图 13）。

表 1　晚高峰各路口优化前后排队长度对比

路口名称	南进口优化前后排队长度			北进口优化前后排队长度		
	优化前 / 辆	优化后 / 辆	优化率（%）	优化前 / 辆	优化后 / 辆	优化率（%）
北新道 - 友谊路（路口 1）	33	26	21.2	21	17	19.0
德源里 - 友谊路（路口 2）	24	19	20.8	20	16	20.0
兴源道 - 友谊路（路口 3）	26	20	23.1	25	21	16.0

表 2　晚高峰各路口优化前后车流量对比

路口名称	南进口优化前后数据对比			北进口优化前后数据对比		
	优化前车流量 /（pcu/h）	优化后车流量 /（pcu/h）	优化率（%）	优化前车流量 /（pcu/h）	优化后车流量 /（pcu/h）	优化率（%）
北新道 - 友谊路（路口 1）	1065	1289	21.0	1232	1278	3.7
德源里 - 友谊路（路口 2）	912	1197	31.3	789	812	2.9
兴源道 - 友谊路（路口 3）	986	1103	11.9	928	934	0.6

图 12　施工路段拥堵严重（优化前）

图 13　施工路段拥堵缓解（优化后）

案例点评

友谊路因占道施工造成交通运行环境改变，从而引发了一系列的交通问题。案例中分析了施工路段每个交叉口的问题诱因和表现，考虑到施工路段的空间有限性，针对性地从时空资源优化为切入点，并配合做好车道功能的优化布设，利用时间来弥补空间资源不足，取得了一定的成效。

占道施工因为削减了道路空间，导致通行能力下降，无法继续承担日常通行量，是诱发施工路段拥堵的主要原因。空间不足时间弥补，的确是改善施工路段交通状态的一个有效措施，本案例就是该方式的典型做法。需要注意的是，优化信号配时的同时，还应结合道路空间的变化情况，对施工期间的道路空间布设以及交通组织进行配套调整，如调整进出口车道数、封闭不必要的出入口、实施单向交通组织等。此外，在施工区域组织优化设计时，可以规划必要的绕行通道，将通过性交通转移到周边的路网上，以减小施工区域的交通压力。在施工期间，特别像轨道建设、道路改扩建等长时间占道施工的项目，应该实时做好施工区域交通情况的跟踪，发现问题及时对组织方案进行调整。

地铁占道施工交通组织精细化管控

案例简介

地铁建设一般需要占用城市主要干道进行施工，有限的道路资源被挤占，道路通行能力大幅下降，同时增加了事故安全隐患。案例通过精细施工区域交通组织、推广加强型警示交通设施等措施，全方位提升占道施工区域交通组织优化水平。在确保重点工程顺利推进的同时，最大限度地降低占道围挡对城市交通的影响，实现道路通行安全与效率的双提升。

现状及问题分析

西安地铁八号线延平门站施工项目是西安市首条地铁环线中最为关键的控制性工程。延平门站占道围挡位于沣惠南路与科技路交叉口，其中沣惠南路为西安市城南区域最为重要的交通干道，承担着城市大流量的通勤功能，与其相交的科技路为高新区东西向主干道，交通流量长期过饱和。此外，该交叉口与东侧相邻的唐延路－科技路路口间距较近，时常发生排队溢出（图1~图3）。

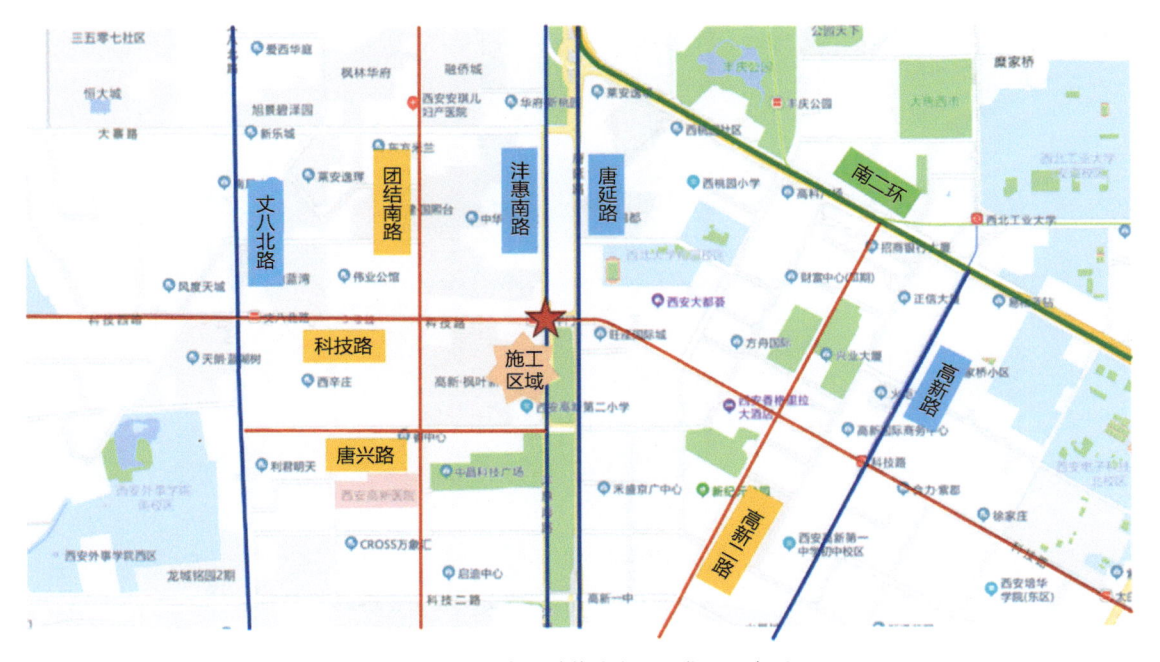

图 1 沣惠南路－科技路交叉口位置示意图

图 2　科技路与沣惠南路、唐延路交叉口航拍图

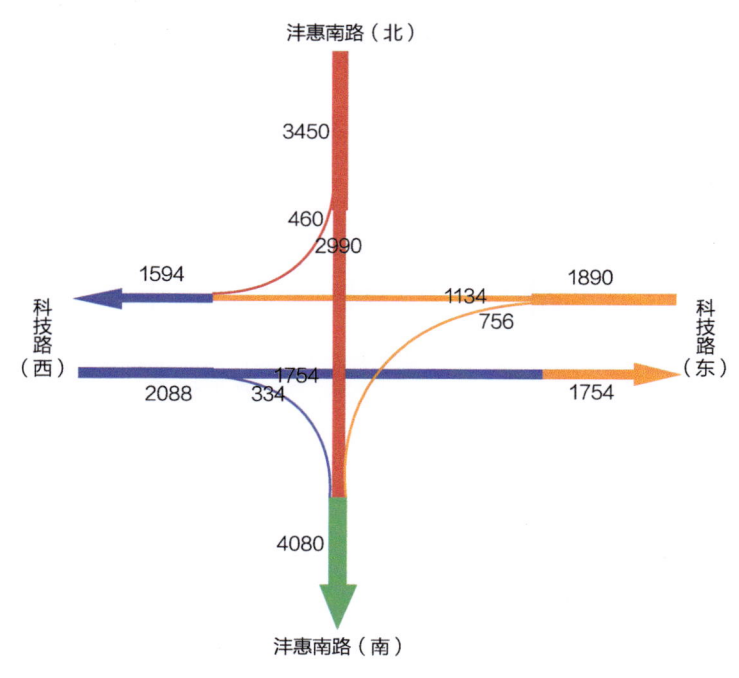

图 3　科技路－沣惠南路交叉口高峰小时流量（pcu/h）

因西安地铁八号线车站施工需要，沣惠南路与科技路十字南口需进行为期 10 个月的封闭施工（图 4）。

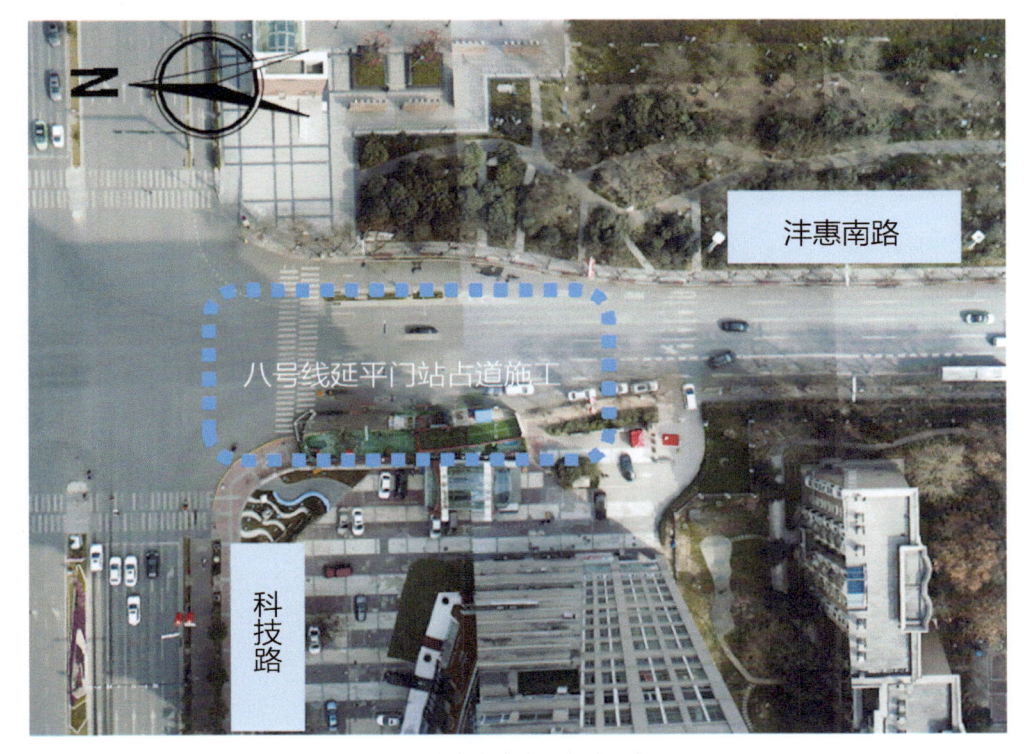

图 4　沣惠南路施工占道示意图

施工期间交通组织面临的问题主要有：

1. 地处商业核心区，交通流量较大

沣惠南路为城市主干路，位于西安市高新经济技术开发区的核心区域，周边商业集中、住宅密集，交通需求旺盛。该路口工作日日均交通流量超 3.4 万辆，高峰时段拥堵指数已达 6.1，其所在的沣惠南路在施工围挡前早晚高峰属于常发性拥堵路段，现因地铁车站建设需封闭道路施工，路口通行能力预计降低 60% 以上。

2. 施工条件限制多，交通组织困难

因延平门站为西安地铁三号线与八号线换乘站，车站建筑复杂，施工占地面积大。沣惠南路西侧为原延平门地铁站，东侧为文保区唐城墙遗址公园（文物保护限制），皆无法提供更多空间。施工区周边道路环境复杂，驾驶人视野受限，行车安全隐患较多。

3. 慢行交通流量大，人车干扰较大

该路口处于核心商业区以及城市中心公园所在处，通勤、休闲、娱乐、上学的行人通行需求较大，车道封闭后交叉口内部空间受影响，交叉口行人流线与机动车流线冲突点增多，人车干扰较大。

4. 商业区交通需求旺盛，静态交通影响动态交通

沣惠南路两侧商业与住宅较为集中，公共停车设施供需失衡，路侧违停问题明显。另外，

距离施工区南侧不远处为西安高新第二小学,上下学期间接送车辆占道停车问题突出,加剧了施工造成的不利影响。

优化思路

- 空间利用最大化。充分利用有限资源新建交通"导改路",最大限度地降低封闭施工对于交通运行的影响。
- 交通组织精细化。"精耕细作"施工区域交通组织,科学设计交通流线,最大限度地消除交通冲突,提升通行能力。
- 交通分流精准化。充分利用路网资源,实施远端分流、近端疏导,均衡施工区域交通流量,缓解路口交通压力。
- 宣传引导多元化。开展施工期间交通宣传引导,利用多元化媒介平台,告知施工占道讯息,减小区域交通压力。
- 秩序管理有序化。完善警示设施设置,警企联动加强疏导和交通秩序管理,确保施工区域交通安全有序。

优化措施

1. 以人为本,降低施工影响

多次召开施工交通影响评审论证会,充分研究沣惠南路以及周边片区道路和交通流特点。经过多部门联合协调,优化施工工艺,在争取国家文物局同意,保障文物保护要求的基础上,充分利用原有人行道与绿化带空间修建"3车道+人非混行道"的交通导改路,最大限度地"还路于民",预留路口南向通行通道,降低封闭施工对路口通行的影响。同时将施工区域交通标线改为专用的"橙色"标线,提醒过往车辆及行人注意安全,保持谨慎(图5~图7)。

图5 导改路施工过程

图6 导改路施工完成

图7 施工区域橙色交通标线

2. 精细化路口交通组织

1）导改路施工完成后，在交叉口内部施划导向线，规范车辆行车流线，同时将西进口、北进口停止线前移，最大限度地利用交叉口内部空间，提升通行效率。在北进口增设临时隔离设施（利用隔离护栏分隔直行与右转车流，利用锥形桶分隔直行及掉头车流），对不同流向车流进行引导，确保各行其道。其中，北进口掉头车流经科技路至唐延路进行掉头（图8~图10）。

图8 交叉口标线施划图　　图9 临时隔离设施分隔不同流向车流

图10 沣惠南路北进口掉头流线

2）科学组织慢行交通流线，修改交叉口南进口和东进口人行横道线位置与设置形式：一是将南进口人行横道线北移，并放置水马隔离形成完整、连续的过街路径，保障行人过街安全；二是将东进口人行横道线调整为Z形过街，提供充足的等候空间（图11~图14）。

图11　南进口原人行横道线　　　　图12　南进口新人行横道线

图13　东进口原人行横道线　　　　图14　东进口新人行横道线

3）为减少路口交通冲突，对东进口实施禁左措施，将原2条左转车道变为直行车道，让原本在此左转的车流通过其他路径绕行，缓解路口内交通压力（图15）。

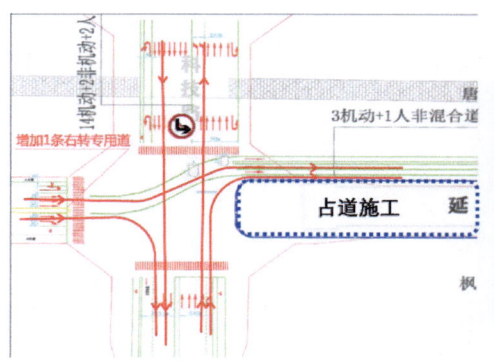

图15　东进口禁左

4）确保上下游车道数匹配，通过放置防撞桶、隔离护栏缩减车道数，将交叉口北进口由原来的 7 车道（5 直行 +1 右转 +1 掉头）变为 6 车道（3 直行 +2 右转 +1 掉头），并设置多级交通引导标志提醒驾驶人注意车道变化，提前选择车道通行，避免临近路口变道引发交织干扰（图 16~ 图 19）。

图 16　北进口压缩车道

图 17　北进口停止线前移

图 18　北进口车道指示 1

图 19　北进口车道指示 2

5）通过调整科技路 - 沣惠南路交叉口相位，优化路口配时方案。同时为及时清空路口，解决因设置施工围挡后路口空间不对称、通行效率下降的问题，在配时方案中设置 12s 全红时间（图 20、图 21）。

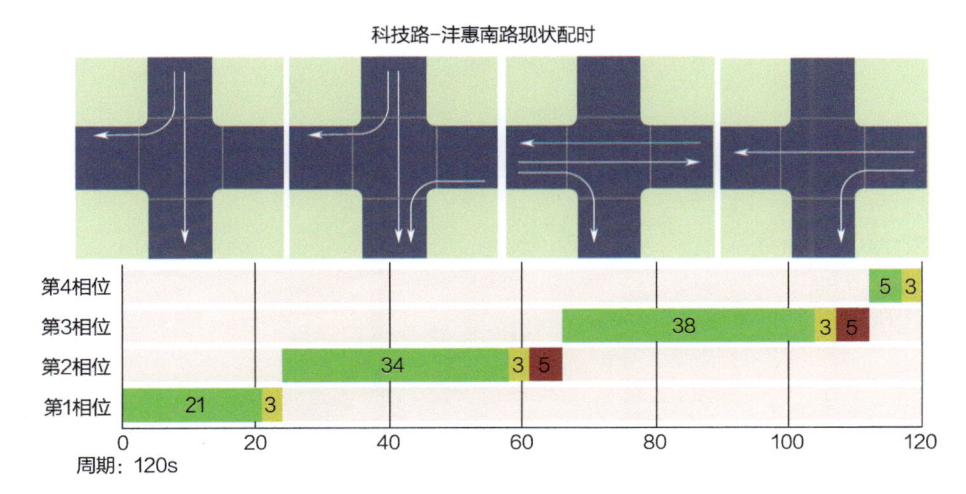

图 20　科技路－沣惠南路优化前配时方案

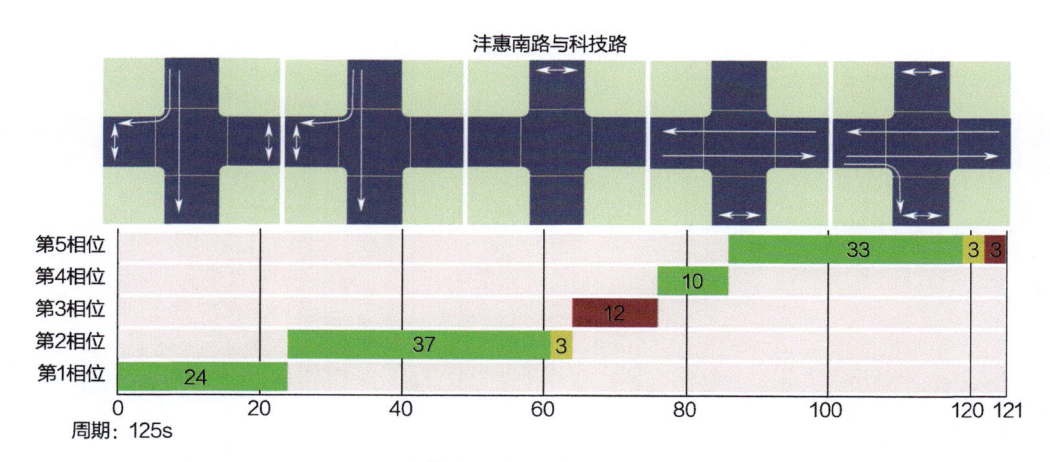

图 21 科技路－沣惠南路优化后配时方案

3. 远端分流，均衡路网交通流量

1）利用现有路网资源，充分考虑各方向来车分流需求，制定多条备选分流路线，并在近端和远端分流关键节点设置多组施工绕行提示牌，提醒驾驶人提前择路绕行（图22~图28）。同时与常用的互联网导航软件供应商合作，推送施工信息并优化导航路径推送，减少路口通行流量。

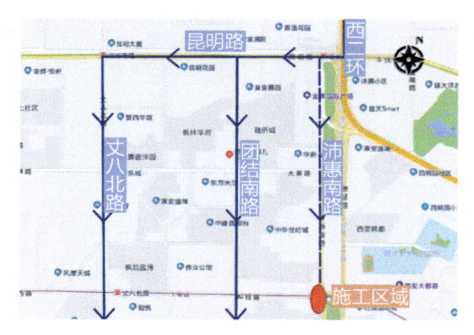

图 22 西二环来车绕行路线　　图 23 南二环来车绕行路线

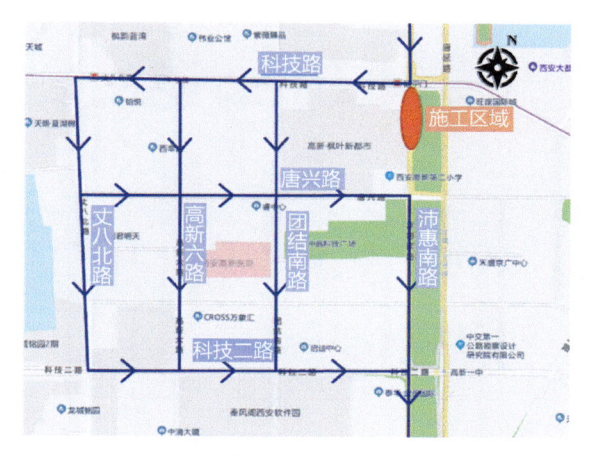

图 24 沣惠南路车辆绕行路线

图 25　近端分流提醒 1　　　　　　　　图 26　近端分流提醒 2

图 27　远端分流提醒 1　　　　　　　　图 28　远端分流提醒 2

2）结合路口占道施工，统筹周边多个路口，制定合适的信号控制策略，实行信号协调控制，达到均衡路网交通量，缓而不堵的优化目标（图 29）。

图 29　连续路口信号协调控制

4. 三位一体，强化交通宣传引导

充分发挥交通治理部门联动、协同控制机制，由西安市高新区管委会牵头制作施工期间交通疏导分流方案宣传片。政府、部门、企业"三位一体"联动，通过广播、电视、报纸、"双微"、抖音、头条等媒体平台，预先进行全方位宣传引导。让市民群众直观了解沣惠南路占道施工情况，知晓道路通行及分流绕行路线，覆盖受众超600万人，争取到市民的理解支持，并从源头上减少进入施工区域车流总量（图30）。

图 30 全平台宣传推广

5. 加强管理，规范交通秩序

为确保交通运行安全有序，西安交警会同占道施工单位不断优化施工区域交通设施设置管理，强化交通疏导：一是按照"多杆合一"原则，推广标准化警示设施，用清晰的"道路语言"保障行车流畅与安全；二是督促企业发挥交通安全管理主体职责，在施工区域及其周边路网关键节点增派疏导人员，严格定人定岗定责，对过往车辆全力疏导；三是安排警力在学校上下学及高峰时段，对道路周边违停车辆进行整治，减少道路资源占用，规范

交通秩序（图31~图33）。

图31　标准化作业区设施设置

图32　疏导人员岗前培训

图33　疏导人员维持秩序

实施效果

➤ 沣惠南路通行情况良好，交通拥堵未明显加剧。

对比施工前后的通行效果，拥堵指数在施工开始第一周的早高峰出现了较明显的拥堵加重现象，但是随着宣传的不断推进以及现场疏导人员的有效组织，一段时间后，沣惠南路已基本恢复至施工前通行状态。对比施工前后的交通流量，施工开始前沣惠南路高峰小时平均通过车辆为3420辆，施工开始后降至2959辆，同比下降13.48%。

➤ 周边路网分流效果显著，整体通行效果良好。

施工开始后，周边道路网道路拥堵情况变化不突出，以团结南路和高新路为例，改造前后拥堵指数仅增长7.37%和5.91%，未出现大量车流驶入某条道路而造成严重拥堵的极端情况（图34）。同时在信号协调控制的作用下，沣惠南路北向南排队长度减少10.2%，早高峰持续时长缩短20%。

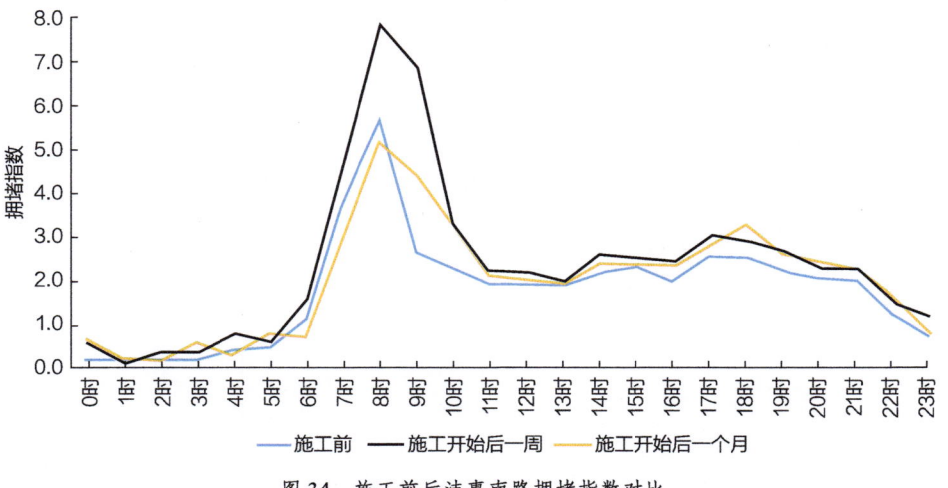

图 34 施工前后沣惠南路拥堵指数对比

案例点评

地铁施工往往会对所在主路及周边交通运行影响较大，案例遵循"以人为本，安全出行"的交通设计理念，在保障机动车和慢行交通合理路权的基础上，兼顾行车安全与行人安全，综合施策，多管齐下，最大限度地缓解占道施工对围挡路段及周边路网带来的不利影响。

施工作业区的交通组织涉及多部门协作，影响较广且治理难度较大。本案例思考全面，措施细致，且实施效果良好，为城市主干路占道施工区域的交通组织优化难题提供一定的启示。其中部分措施落地有力，效果显著，值得各地借鉴。一是充分考虑各方需求做足预案，充分调动路网剩余资源，最大限度地发挥路网分流作用；二是重视宣传作用，全平台多角度扩大宣传覆盖面；三是明确引导任务，组织专业的疏导指挥队伍，近端远端两手抓，不漏一处，开展精细化引导。

交通安全改善

超大面积路口交通组织优化

大型居住小区周边行人过街设施优化提升

慢行一体化过街提升路口通行秩序

行人集中路口"对角斑马线"应用

超大面积路口交通组织优化

案例简介

超大面积路口由于机动车行驶轨迹无序、冲突点分散，行人和非机动车过街距离长，存在严重的安全隐患，是典型的"事故黑点"。本案例以"精细化 + 智能化"设计为理念，通过精细路口渠化设计、科技手段赋能管理等措施，实现了对机动车、非机动车、行人的交通流线、流向精细布局，显著提高了道路与交通设施的服务水平。

现状及问题分析

望京西路与阜通西大街路口是北京市进出望京地区的重要节点，交通流量较大。其中望京西路是南北向重要交通干道，不仅为地区各个组团提供交通服务，而且承担对外交通联络的重要功能。阜通西大街是望京地区内部一条重要道路，沿线串联主要商业设施和居住组团，集散功能和交通功能并重（图1）。

图 1　望京西路与阜通西大街路口区位

路口周边以居住和商业用地为主，东南侧为鹿港嘉苑小区（约1200户）和卷石天地写字楼（约6万 m²），路口东北侧为金隅国际公寓（763户，其中约50%出租为商业办公），路口西侧为规划绿地（图2）。路口改造前主要存在以下问题：

图 2　望京西路与阜通西大街路口周边用地现状

1. 路口面积大，行人过街距离长

望京西路、阜通西大街道路断面宽度均为 42m，望京西路南进口过街距离最长达到 60m，且路口无安全驻足等候空间，行人和非机动车无法在一个信号周期内安全通过路口（图3）。

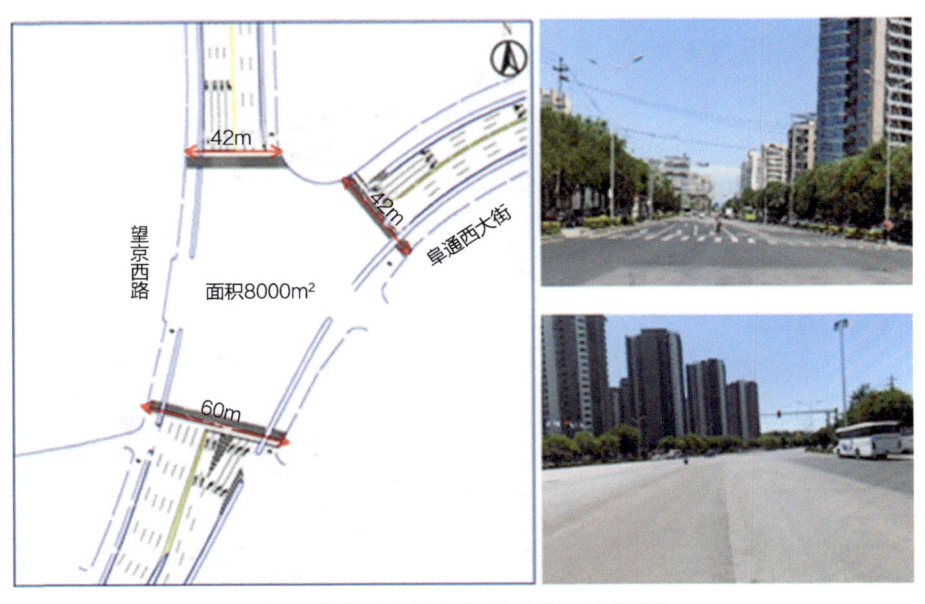

图 3　望京西路与阜通西大街路口过街现状

2. 地块出入口直接接入路口，对交通影响大

路口范围内共有3处地块出入口直接接入，在功能区范围内形成交通交织点或冲突点5处，对路口交通运行影响较大，导致交通事故多发（图4）。

图4　望京西路与阜通西大街路口范围内开口冲突现状

3. 行车轨迹无序，安全性较差

路口改造前非机动车采用二次过街方式左转，但部分非机动车辆未严格遵行，不同流向的机动车与非机动车在交叉口内部行驶轨迹随意，路口交通秩序混乱（图5）。

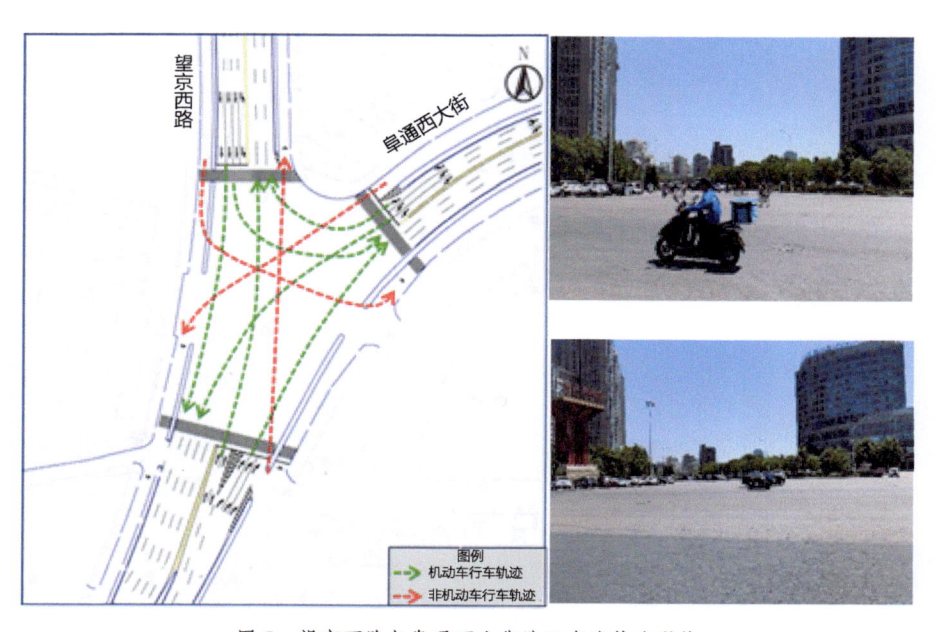

图5　望京西路与阜通西大街路口车流轨迹现状

4. 采用单点定周期信号配时，通行效率低

路口交通信号机为单点定周期信号配时，无法适应交通流的动态变化，导致部分时段出现交通拥堵或空放现象（图6）。

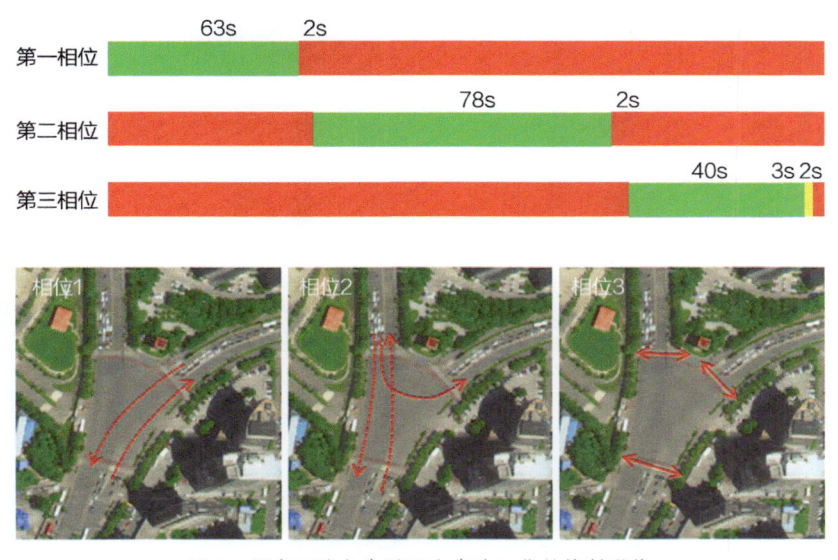

图 6　望京西路与阜通西大街路口信号控制现状

优化思路

从路口存在的实际问题出发，采用"1+2+X"的治理方法，"1"是以大数据分析为支撑，"2"是以"精细化 + 智能化"为手段，"X"是以交通组织优化、交通工程优化、慢行交通优化、科技管控提升 4 大措施进行综合交通治理：

- 各进口道的停止线提前，缩小交叉口面积。
- 封闭路口范围内的地块出入口，消除地块出入交通流对交叉口的干扰。
- 实施非机动车一次左转、行人二次过街交通组织，构建安全、便利的慢行交通系统。
- 建设智慧信号灯和监控系统，保障路口运行秩序。

优化措施

1. 缩小路口面积，增加街角绿地

治理超大型路口的首要措施是缩小面积，将 3 个进口道的停止线向路口中心推移 6~45m，路口面积由 8000m² 缩小至 3000m²（图 7）。

路口面积缩小后，多余的空间被改造成街角绿地，面积约 910m²，在美化环境的同时引导行人快速通过。路口两侧补植国槐、白蜡、紫叶李、西府海棠等 130 株行道树，提高慢行舒适度与街区环境（图 8）。

a）改造前

b）改造后

图7 望京西路与阜通西大街路口改造前后对比

图8 望京西路与阜通西大街路口改造后街角绿地

2. 注重慢行交通设计

路口改造充分落实了北京"慢行优先、公交优先、绿色优先"的发展理念，主要采取如下措施：

1）非机动车一次左转。在进口道和路口内施划非机动车左转和直行导向箭头，明了非机动车等候空间，提前分流过往非机动车。同时，增设非机动车专用左转信号灯，比左转机动车信号灯提前放行，左转非机动车通过路口的时间从改造前的3min左右下降到20s左右（图9）。

图 9　望京西路与阜通西大街路口改造后非机动车一次左转

2）行人二次过街。路口范围内新增 7 处行人二次过街安全岛，慢行交通过街距离由 42~60m 缩短为 26~35m，为行人提供了安全、舒适的出行环境（图 10）。

图 10　望京西路与阜通西大街路口改造后行人二次过街

3. 优化交通组织，减少路口交织

路口范围内的地块开口由主路调整至辅路，减少路口交通冲突，冲突点由 5 处减少为 1 处，显著提高路口的安全性（图 11）。

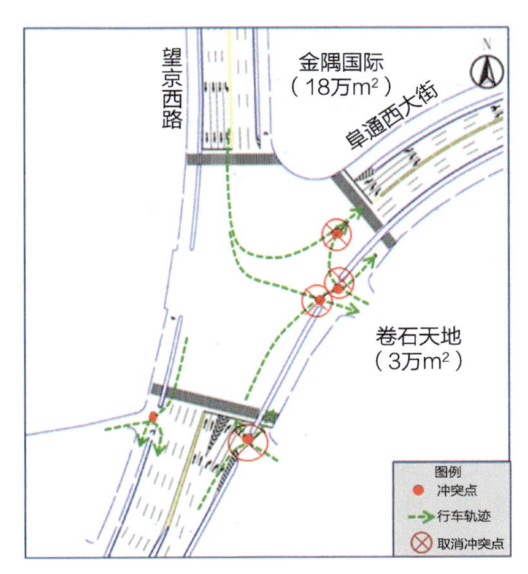

图 11　望京西路与阜通西大街路口改造后冲突点变化

107

4. 智慧交通助力路口提升

1）将路口原单点信号机更换为联网信号机，新建3套毫米波雷达和1台边缘计算单元。融合最新的高精地图及边缘计算技术，实现了自适应控制，能够根据当前路口车辆及行人的过街需求，生成最优的信号控制方案，保障机动车和行人安全、高效地通过路口。

2）新建7套电子警察抓拍系统、6套违法停车抓拍系统，可有效监管机动车的违法行为，显著提升路口运行秩序。

实施效果

通过高德地图评估路口改造前后的交通运行状况，该路口综合服务水平由D级提升至C级，通行能力得到极大提高。在机动车通行效率方面，高峰时段延误指数下降61%，平均排队长度下降12%，平均停车次数下降67%。在慢行通行效率方面，路口面积缩小60%，慢行过街距离缩短约40%，慢行过街时间缩短88%（图12）。

a）改造前　　　　b）改造后
图12　路口改造前后高德路口诊治数据（以晚高峰为例）

案例点评

本案例针对城市超大型路口普遍存在的过街距离长、行车轨迹无序、安全性差等问题，通过缩小路口面积、优化慢行交通组织、简化路口交通流向、规范交通流行驶轨迹、优化信号配时、加强非现场执法等措施进行改造，使路口排队长度明显缩短、服务水平显著提高、拥堵指数明显下降、慢行出行体验明显提升。

主干路相交的路口通常面积较大，在改造时需要综合分析道路功能定位、交通主流向、交通流量等因素提出改造方案：一般可采用前移停止线缩小交叉口面积、设置左转或直行待行区等方式减少车辆通过路口时间；通过简化次要交通流向、精细渠化各类交通流通行路径等方式规范路口通行秩序；合理设置行人过街安全岛、人行信号灯提前放行等方式来保障慢行交通安全、快速通行。具体方法需要结合实际情况"对症下药"。此外，为避免出入车辆对交叉口通行的影响，地块出入口与交叉口必须保持适当的距离，一般与主路交叉口距离不宜小于80m，与次干路交叉口不宜小于50m。

大型居住小区周边行人过街设施优化提升

案例简介

大型居住小区出入口处行人过街需求较大，若过街设施位置设置不合理会导致行人随意横穿道路，甚至引发交通事故。本案例通过实施"二次过街"路口改造，将小区出入口改造为T形交叉口，并设置行人过街安全岛，采取行人二次过街信号控制，有效缩短了行人和非机动车的过街距离，消除了人车冲突，提升了慢行交通过街安全性。

现状及问题分析

东盐都大道是四川省自贡市蓉遵高速（G4215）与主城区的主要连接线，初期规划为城市快速路，不满足设置平面行人过街设施条件，道路沿线开口主要采用右进右出的交通组织方式。本案例位于东盐都大道的和平花苑小区出入口路段。和平花苑小区的居民多为原鸿鹤化工厂职工，老龄化程度较高，日常生活及活动区域主要集中在南侧鸿鹤坝片区，行人过街需经东侧地下通道，步行距离约460m，绕行较远，因此，行人横穿马路现象严重，已发生多起人车冲突引起的道路交通事故（图1）。

图1 路段改造前区位示意

路段改造前主要问题如下：

1. 地下过街通道老人通行困难

和平花苑小区居民大部分为老人，原地下过街通道未配套无障碍设施或电梯，老年人上下楼梯通行不便导致行人横穿道路现象多发（图2）。

图 2　地下过街通道落差大、行人通过困难

2. 过街通道距离小区出入口过远

小区附近设置的地下通道距离出入口较远，行人通过地下通道过街的距离约为直接横穿道路步行距离的 3 倍，因此，过街行人多采用直接横穿方式。另外，由于东盐都大道是快速路，车辆行驶速度普遍较快，车辆来不及避让横穿道路行人导致交通事故频发（图 3~图 5）。

图 3　地下通道过街与行人横穿路径距离对比

图 4　行人横穿马路　　　　　　　图 5　避让行人造成事故

3. 驶入小区机动车绕行距离长

车辆驶入和平花苑小区需行驶至东侧和平大街环岛后再通过北侧辅道进入，行驶距离约 3.65km，由于绕行距离超过驾驶人可接受范围，部分驾驶人冒险选择短距离变更 4 条车道后逆向行驶后进入小区（图 6）。

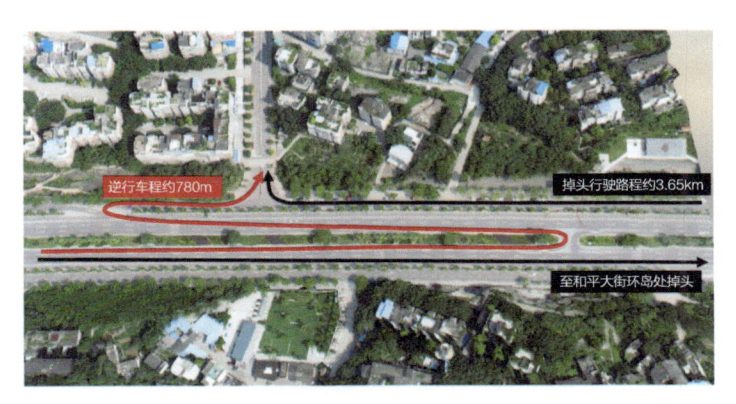

图 6　车辆违法逆行进入小区行驶路径

优化思路

- 改造和平花苑小区出入口为 T 形交叉路口，缩短车辆和行人的绕行距离。
- 充分考虑弱势群体过街特征，结合交叉口增设平面过街设施，提升慢行过街体验。
- 优化信号配时，保障主路通行效率的同时减少交通冲突。

优化措施

1. 将小区出入口改造为 T 形交叉口

拆除路段中央绿化带改造为 T 形交叉口，并增设交通信号灯。一方面从时间和空间上进行人车分离；另一方面避免行人、车辆进出小区长距离绕行，方便居民出行（图 7）。

图 7　路段改造方案

2. 结合过街安全岛，设置行人二次过街信号配时方案

东盐都大道道路横断面宽 62m，考虑到老年人步速慢、体力差等特点，即使设置 62s 的行人过街时间也无法保障行人安全过街，而且会造成左转机动车出现约 40s 的空放，严重降低路口整体通行效率。因此，在经过深入研判后，决定设置行人二次过街信号方案，具体方案如下（图 8）：

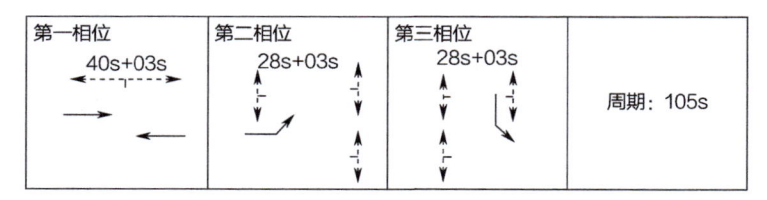

第一相位	第二相位	第三相位	
40s+03s	28s+03s	28s+03s	周期：105s

图 8　行人二次过街信号配时方案

【第一相位】行人和机动车均沿东西向直行。因信号周期缩小，主路东西向直行车辆排队长度缩短，排队车辆数变少，此时仅需保证 40s 的放行时间就能满足机动车通行需求（图 9）。

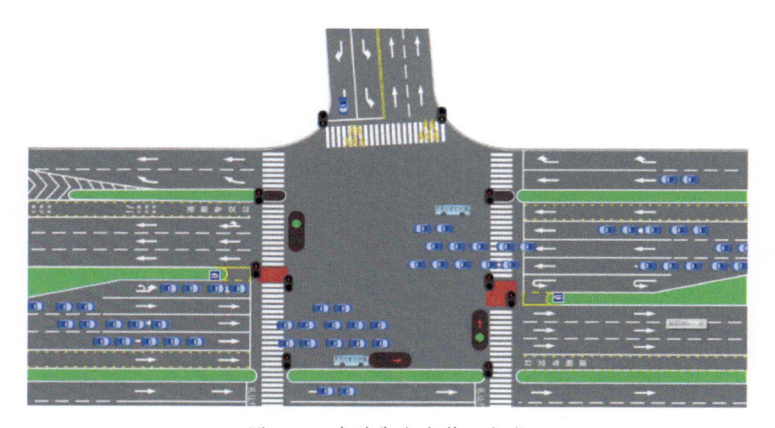

图 9　二次过街方案第一相位

【第二相位】东盐都大道车辆左转时，东进口、西进口北侧行人允许通行，根据测算，需要约 28s 绿灯时间即可保障行人通行（图 10）。

图 10　二次过街方案第二相位

【第三相位】支路车辆左转时，西进口、东进口北侧允许行人通行，同样约需 28s 的绿灯时间（图 11）。

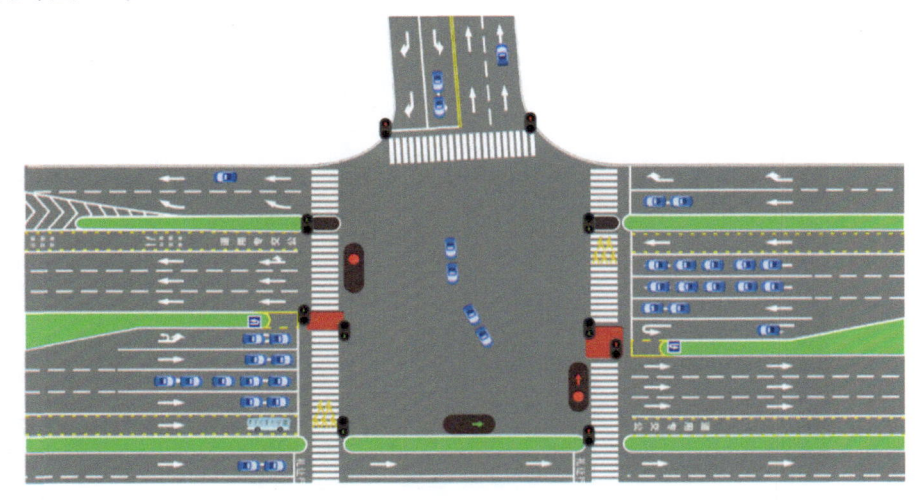

图 11　二次过街方案第三相位

与行人一次过街放行相比，行人二次过街放行信号控制方案充分利用相位通行空隙时间，从常规信号配时周期的 190s 下降到 105s，不仅保证了行人过街时间，还有效减少了主干路车辆等待时间，提高了路口的通行效率（表 1）。

表 1　行人一次过街与二次过街信号方案优化对比

方案对比		一次放行	二次放行	对比情况
信号周期		190s	105s	减少 85s
行人等待时间	北侧行人	130s	62s	减少 68s
	东侧行人	125s	43s	减少 82s
	西侧行人	125s	43s	减少 82s
车辆等待时间	北侧左转车流	125s	74s	减少 51s
	西侧左转车流	125s	72s	减少 53s
	东西直行车流	130s	62s	减少 68s
路口运行评价	路口服务水平	C	B	服务水平提高一级
	拥堵延误评价	22.1	14.3	拥堵指数减少 7.8

实施效果

出入口改造前，车辆进入小区需绕行 3.65km，行人过街需绕行 460m；改造后，车辆进出均无需绕行，行人过街充分照顾老人的需求，步行总距离由 460m 缩短至 135m。改造后，该路段未发生道路交通事故，表明改造措施有效保障了道路交通安全（图 12）。

图12　路段改造后（实景）

案例点评

  本案例将居住小区出入口改造为 T 形信号交叉口，并配合行人二次过街安全岛采用了二次过街放行信号控制方案，在确保行人安全通行的基础上，不仅提高了行人和车辆的通行效率，满足了机动车便捷进出小区的需求，又消除了车辆逆向行驶的交通违法行为及行人随意横穿道路的安全隐患。

  二次过街放行信号控制能够显著减少行人过街等候时间，为行人提供安全、快捷的出行体验。一般在开展相关交通设计时需注意以下几点：一是需要在路段中央设置行人过街安全岛，并且安全岛应根据行人交通量匹配相应的面积，宽度最窄不低于 1.5m；二是对于路幅宽，老人、幼童过街需求较大的路口或路段，需要在标准规定的基础上适当增加行人信号相位时间，确保过街安全；三是需要在中央行人安全岛安装人行横道信号灯，分别控制人行横道两侧行人通行；四是需要加强交通宣传引导，确保行人能够按照正确的交通信号通行。

慢行一体化过街提升路口通行秩序

案例简介

主路与主路相交路口，由于面积大、机动车与慢行交通量也较大，一般存在机非冲突严重、机动车右转车速过快、右转机动车与慢行事故多发等问题，整体通行秩序较为混乱。本案例通过采用左转非机动车二次过街的慢行一体化通行模式，利用隔离栏缩小机动车右转弯半径、设置引导标志、铺装彩色沥青等方式，打造慢行交通等候区及过街通道，有效减少了右转机动车与非机动车、行人之间的交通事故，缩短行人过街距离，消除左转非机动车与机动车交通冲突，路口通行秩序得到有效提升。

现状及问题分析

世纪大道与龙化路交叉口位于衢州市集聚区，其中世纪大道是集聚区东西走向的一条主要城市道路，路幅宽度35m，为双向6车道，设有中央绿化隔离带。由于交叉口位于集聚区的核心地段，高峰期间机动车、非机动车、行人流量较大，且由于交通管理设施不完善，交通事故频发（图1）。

图 1 世纪大道与龙化路交叉口区位

世纪大道-龙化路交叉口在改造前主要存在以下问题：

1. 行人过街距离长，缺少二次过街安全岛

交叉口行人过街距离为36m，中心未设置二次过街安全等候设施，按照行人过街速度1.2m/s计算，一次过街时间需要约30s，过街距离较长，行人安全无法得到保障（图2）。

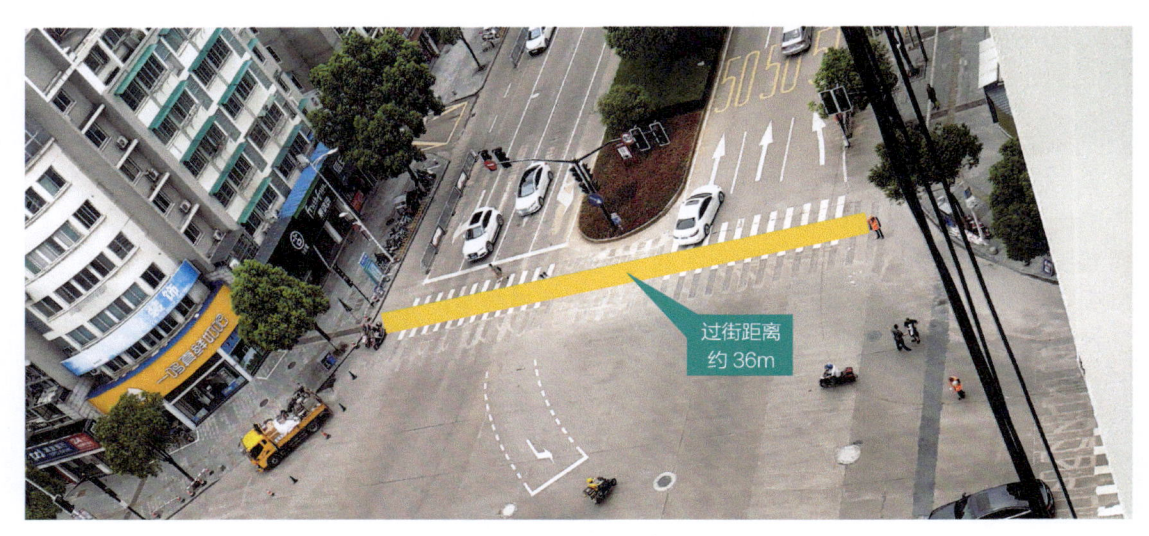

图2 交叉口行人过街距离示意

2. 左转非机动车与机动车冲突严重

左转非机动车跟随机动车左转相位通行，由于早晚高峰期间非机动车流量较大，左转弯需要占用较多路口通行空间，与本方向及对向左转机动车冲突严重，不仅存在较大的安全隐患，也降低了左转机动车的通行效率。

3. 右转弯半径大、车速快，存在视野盲区

改造前交叉口右转半径较大，车辆右转速度较快。由于路口机动车右转弯不受信号灯控制，如果机动车不能及时发现右侧直行或左转弯的非机动车，极易发生交通事故（图3）。

图3 交叉口右转弯半径示意

优化思路

- 左转非机动车二次过街，即非机动车跟随行人二次过街完成左转，消除左转非机动车与机动车的交织冲突。
- 通过设置隔离栏缩小机动车右转弯半径，迫使右转车辆降速，避免右转机动车与慢行交通的冲突。
- 结合路口中央绿化带设置行人过街安全岛，保证行人安全驻足空间。
- 合理渠化标示机动车、慢行通行空间，避免交通流交织冲突。
- 完善非机动车信号灯、二次过街指引标志等交通管理设施，配置警力、劝导员，保证方案实施效果。

优化措施

世纪大道－龙化路交叉口采用非机动车与行人同流向完成左转的二次过街形式，实现路口区域内慢行交通等候区、慢行交通过街区与机动车通行区的空间分离（图4）。

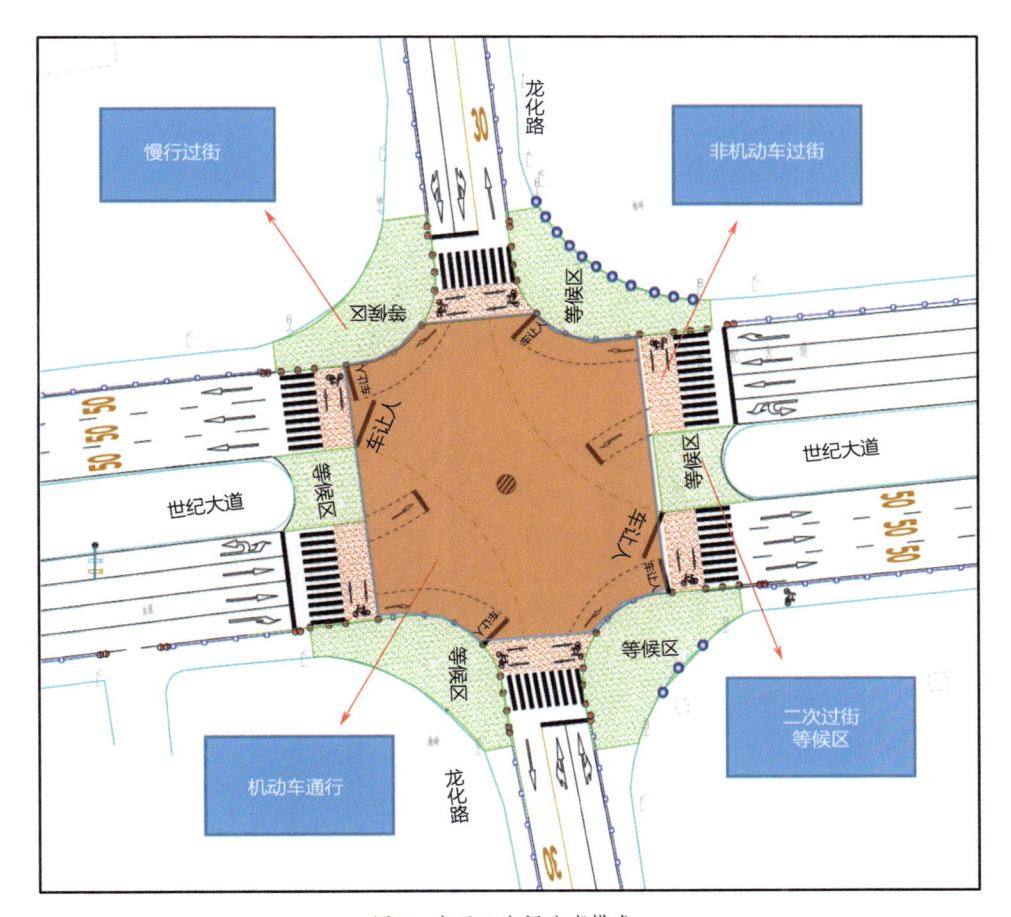

图4　交叉口空间分离模式

1. 设置路侧慢行一体化等候区

1）等候区连接路口非机动车道外缘线，采用护栏隔离方式合理控制右转弯半径，在满足规范要求的前提下将右转弯半径缩小为 10m，迫使右转机动车降低转弯速度。护栏端部安装警示柱，提醒车辆注意护栏，避免发生碰撞（图 5）。

图 5　缩小右转弯半径

2）隔离设施护栏延伸至路口，规范非机动车的行驶轨迹，配合非机动车禁左标志引导左转非机动车二次过街。

3）慢行等候区整体铺设彩色沥青，同时施划"等候区"文字，分离机动车与路口慢行交通等待空间。

2. 设置慢行一体化过街通道

1）设置宽度为 8m 的慢行一体化交通过街通道，分布为"4m 人行横道 +4m 非机动车道"，满足慢行一体化交通过街需求，同时配套设置非机动车信号灯。非机动车过街通道与行人通行空间分离，并施划黄色边缘虚线、非机动车地面标记、双向通行导向箭头等标线，明确非机动车通行空间。允许非机动车双向通行，避免需掉头的非机动车绕行（图 6）。

图 6　慢行交通过街通道

2）利用中央绿化带设置非机动车、行人二次过街等候区，确保非机动车、行人的过街安全性（图7）。

图 7　设置行人二次过街安全岛

3. 合理渠化机动车通行区

在路口范围内，通过合理施划左转待行区、右转与左转导向线、停止线、中心圈等交通标线，规范机动车的行驶轨迹（图8）。

图 8　路口导向线、车让人标线

4. 完善交通设施

1）清除世纪大道东西方向的路侧机动车停车位，设置机非隔离栏，明确非机动车通行路权，降低事故风险。
2）借用电警杆件增设分向行驶车道标志，给予驾驶人明确的交通信息。
3）交叉口东北与东南转角处设置隔离石墩，规范路口范围内机动车停车秩序。

实施效果

在交叉口实施非机动车二次过街模式后，通过路面民警及劝导员的积极引导，非机动车驾驶人逐渐适应慢行一体化过街模式，并取得了以下积极成效（图9、图10）：

图 9　实施前交叉口现状

图 10　实施后交叉口效果

➢ 有效减少右转机动车与慢行交通事故。通过彩色沥青及隔离栏的方式设置路侧等候区，非机动车、行人等候信号灯放行时的安全性得到保障，避免发生因机动车右转车速快导致的交通事故。

➢ 缩短行人过街距离。路侧行人等候区延伸至原非机动车道位置，行人过街距离从36m缩短至30m，过街时间缩短5s，配合路段中央设立的二次过街等候区，大幅提高行人过街的效率及安全性。

➢ 消除左转非机动车与机动车冲突。采用非机动车左转二次过街交通组织方式后，避免了其与对向左转机动车的交织冲突，提高左转机动车通行效率，降低事故发生率。

> 为道路信号相位优化创造条件。路口信号相位不受行人及非机动车干扰，可更灵活配置相位方案，更易实现路口间的双向绿波控制。

案例点评

本案例通过实施左转非机动车二次过街的慢行一体化通行模式，合理渠化慢行交通等候区、设置中央过街安全岛、设置隔离栏缩小右转弯半径，优化了慢行交通过街和机动车通行，有效缓解了行人过街困难、左转弯非机动车与机动车交织冲突多、机动车通行效率低下、右转机动车速度过快等问题。

慢行一体化过街模式可以物理分离机动车、非机动车、行人的行驶路径，使其各行其道，有效消除左转非机动车与机动车之间的交织冲突，大幅提高交叉口的通行效率。但选用慢行一体化过街模式必须满足一定条件：一是交叉口范围较大，可保证有足够空间设置路侧慢行等候区及一体化慢行过街通道，并且等候区面积满足非机动车辆排队等候需求；二是采用一次左转交通组织方式时，左转非机动车与对向机动车干扰严重，安全隐患大时，可采用非机动车二次过街方式。

行人集中路口"对角斑马线"应用

案例简介

商圈、学校等重点区域周边的道路行人交通量较大且过于集中，行人横穿道路现象普遍，路口通行秩序较乱。本案例综合考虑行人过街效率和通行秩序，通过设置"对角斑马线"的方式缓解行人过街压力，减少车辆、行人等待红灯时间，实现道路通行效率和行人安全过街的双提升。

现状及问题分析

兴国路与兴盛路交叉口位于广州市天河区，其中，兴国路为南北走向的双向4车道次干路，兴盛路为东西走向的双向2车道支路。路口周边用地性质主要为住宅区、学校和商场，路口西侧为心语花园和君御雅苑，东侧为中海璟辉华庭和天河花城小区，路口已无法满足行人和车辆的通行需求（图1）。

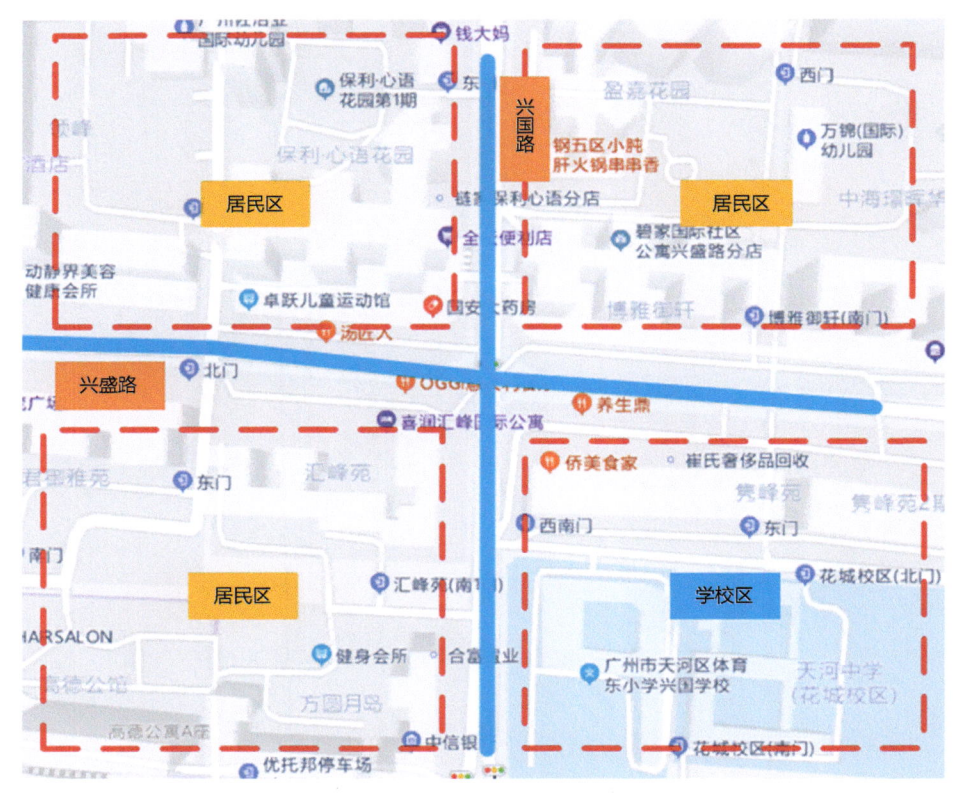

图1 兴国路－兴盛路交叉口概况

改造前，路口主要存在以下问题：

1. 高峰期间机动车流量较小

交叉口各进口道的机动车流量较小且分布较为均衡，但路口各进口道均采用禁止左转交通控制，左转机动车只能绕道通行（图2）。

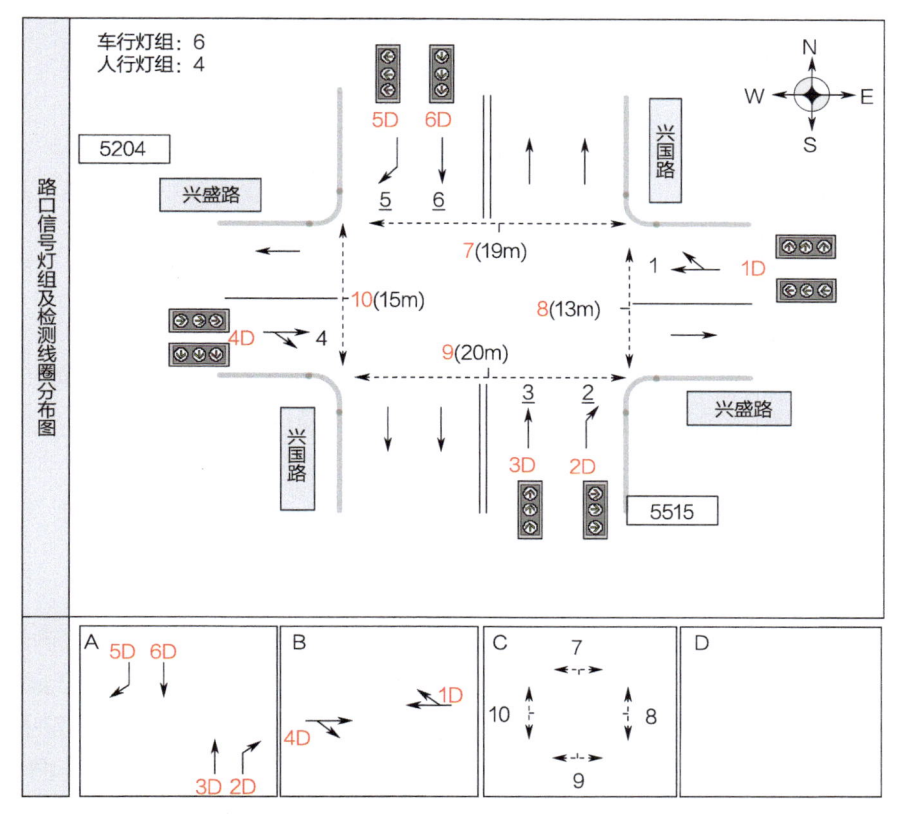

图2 优化前路口相位设计

2. 路口行人流量较大，交通秩序混乱

高峰期间路口的行人流量很大，各进口道的行人流量均超过300人次/h，尤其南进口达到505人次/h（表1）。由于西北角和东南角分布有生活超市及美食店，行人斜穿对角过街现象明显，交通秩序较为混乱（图3）。

表1 高峰时段路口进口道的行人流量统计

序号	进口道方向	行人流量/（人次/h）
1	东进口	432
2	南进口	505
3	西进口	459
4	北进口	307

图3　行人斜穿马路现象严重

优化思路

> 路口设置"对角斑马线",缩短行人过街距离和等候时间,提升出行体验。
> 取消禁左管理措施并优化信号配时,提高机动车通行效率。

优化措施

1. 设置"对角斑马线"

"对角斑马线"是在已有的人行横道线基础上,增设两条相互交叉的人行横道线。设置后,行人对向过街不用走"L"形人行横道,也不需要在路口等候两次行人绿灯,在一定程度上可显著提高行人过街的舒适性。该路口周边的用地性质决定其行人流量很大,特别是对角过街的人数较多,通过设置对角斑马线能够较好地保障行人过街需求(图4)。

图4　路口增设对角斑马线

2. 取消"禁左"交通管理措施

为减少周边居民车辆绕行距离，取消路口的禁止左转措施，并配套完善相关交通标志标线。

3. 优化信号配时，设置行人过街专用相位

同步更换交通信号灯，综合考虑交叉口各进口道的交通流量特征及行人过街需求，优化信号相位及配时，提升路口通行效率（图5）。

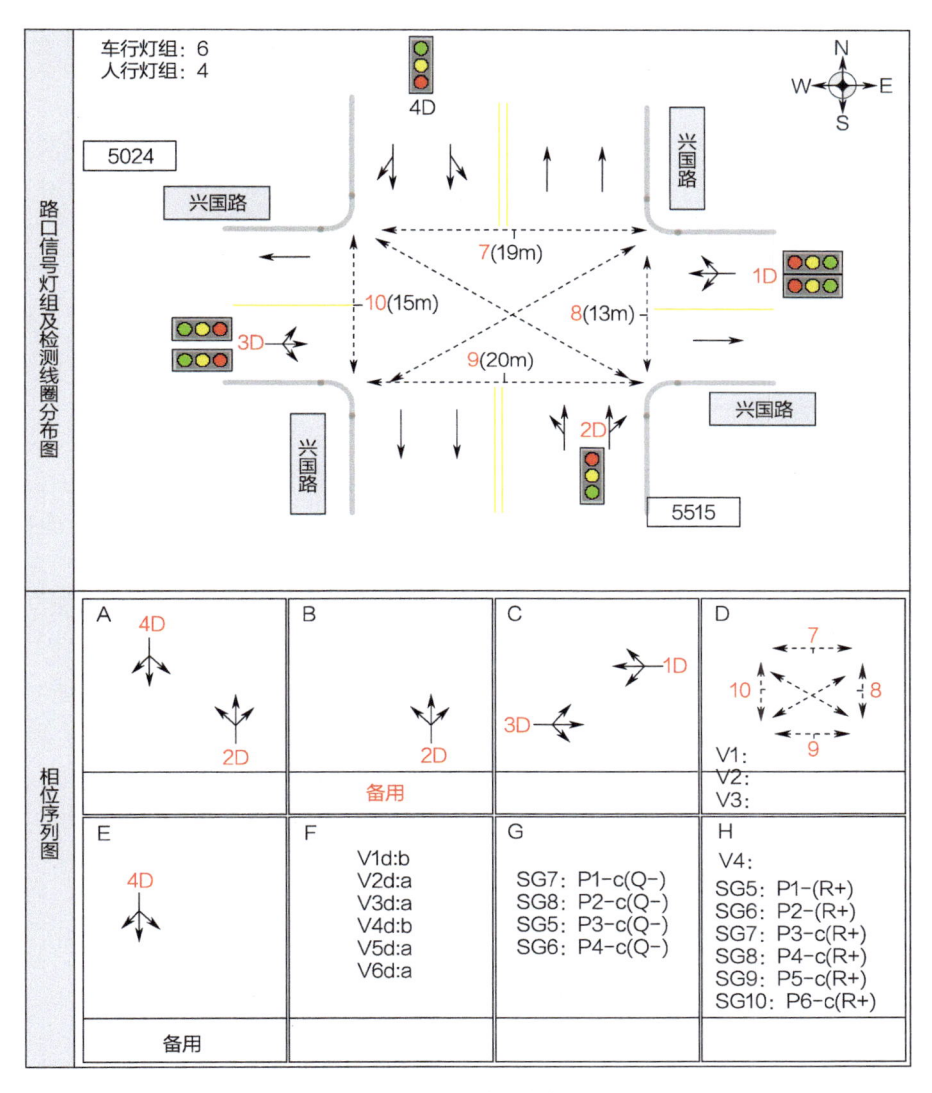

图5 优化后路口相位图

实施效果

通过设置对角斑马线，路口行人对向过街距离由35m降低至25m，行人可根据出行

125

需要，在专用信号相位内自由选择包括对角斑马线在内的 6 条人行横道通行，斜穿路口不必再走"L"形人行横道，大幅节省过街时间。从路口实施情况来看，对角斑马线的使用率较高，平均每个信号周期过街人数为 46 人，行人过街体验感良好（图 6）。

图 6　兴国路－兴盛路交叉口优化后行人过街情况

案例点评

本案例针对行人交通量较大且斜穿过街现象较为普遍的路口，采用设置"对角斑马线"、行人专用信号相位等措施，平衡了行人与机动车的通行路权，兼顾了交通规则与通行便利性，可引导行人有序过街，降低交通事故风险，营造安全、文明的交通出行环境。

对角斑马线需要满足一定的适用条件：在路口选择上，一般适合设置在居民区、学校、商圈、医院等行人流量较大的路口，特别是一些行人对角过街需求较大的路口；为保证行人能够快速通过，对角斑马线长度宜控制在 35m 以内，因此，在交叉口的选择上，一般宜设置在次干路与支路、支路与支路相交的面积较小的路口。此外，对角斑马线需要设置行人专用信号相位，这就要求交叉口的车流量不宜过大，否则很容易造成交通拥堵。

信号控制优化

"井"字形路网绿波协调控制

高架桥下大型路口时空协调优化

信号优化治理六叉畸形路口安全隐患

主动均衡负荷的城市快速路匝道交通信号管控

"井"字形路网绿波协调控制

案例简介

对于主干路相交形成的"井"字形路网，绿波协调控制难度大，设置不当会增加延误并引发交通拥堵。本案例通过区域联动协调，实现了由"绿波带"向"绿波网"的升级，大幅缩减了协调区域内行程时间及停车次数，减小了行程延误，提高了通行效率。

现状及问题分析

清昌大道、清荣大道为福清市东西走向主干路，是连接城区东西组团的重要通道，承载着市区内主要车流。福人路、福百路为南北走向主干路，是连接市区南北通行的主要道路。4条主干路周边的重要交通吸引点（商圈、学校）较多，市民出行需求较大，道路及路口基础条件良好（图1）。

本次选取上述4条主干路上共计27个路口（路口基本信息见表1）进行平峰期间（9:00—16:00）区域联动协调，最终形成协调区域内的"井字"形双向绿波。

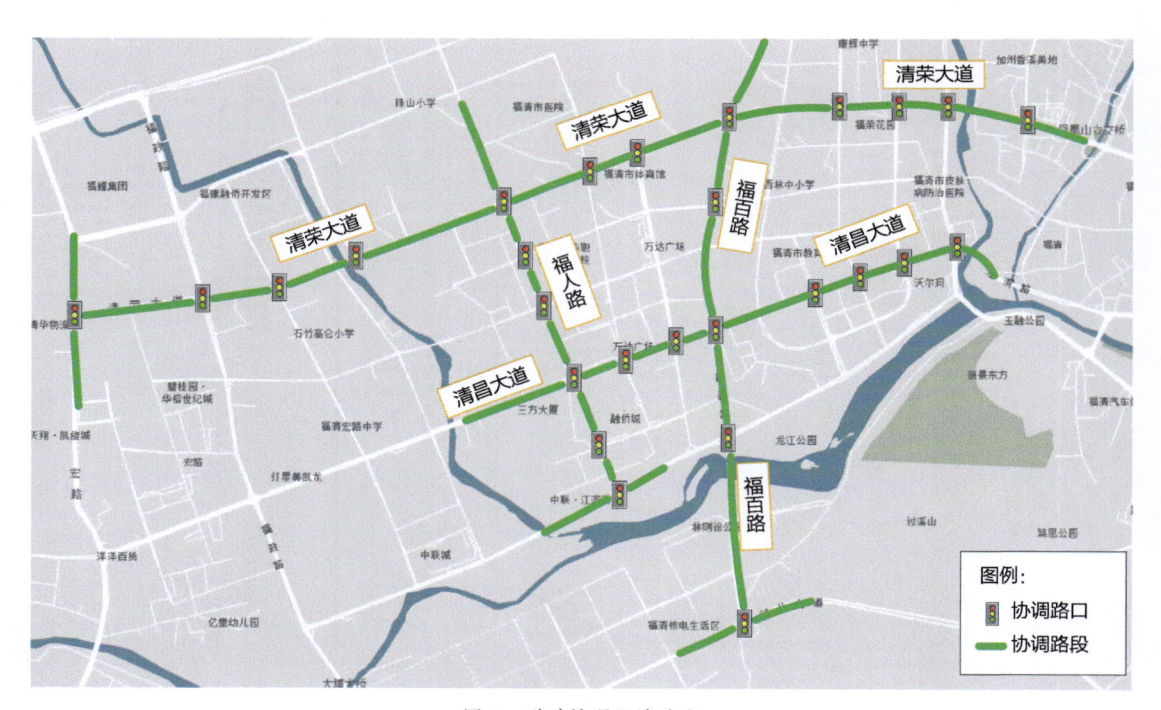

图1 联动协调区域路段

表1 路口基础信息

路段名称	路段全长 /m	路口名称	路口类型	路口间距 /m
清荣大道	4551	清荣大道-G324交叉口	T字形	—
		清荣大道-福政路交叉口	十字形	830
		清荣大道-福玉路交叉口	十字形	470
		清荣大道-福通路交叉口	T字形	540
		清荣大道-福人路交叉口	十字形	1001
		清荣大道-康达路交叉口	十字形	600
		清荣大道-福和路交叉口	T字形	340
		清荣大道-福百路交叉口	十字形	690
		清荣大道-福业路交叉口	十字形	710
		清荣大道-福唐路交叉口	十字形	380
		清荣大道-福俱路交叉口	十字形	310
		清荣大道-福腾路交叉口	十字形	520
清昌大道	2600	清昌大道-福人路交叉口	十字形	—
		清昌大道-康达路交叉口	十字形	350
		清昌大道-福和路交叉口	十字形	350
		清昌大道-福百路交叉口	十字形	260
		清昌大道-景观大道交叉口	十字形	690
		清昌大道-福业路交叉口	十字形	300
		清昌大道-福唐路交叉口	十字形	300
		清昌大道-福俱路交叉口	十字形	350
福人路	2580	福人路-清荣大道交叉口	十字形	—
		福人路-清展街交叉口	十字形	390
		福人路-清宏路交叉口	十字形	360
		福人路-清昌大道交叉口	十字形	540
		福人路-康达路交叉口	十字形	480
		福人路-清盛大道交叉口	T字形	330
福百路	3550	福百路-清荣大道交叉口	十字形	—
		福百路-清展街交叉口	十字形	630
		福百路-清昌大道交叉口	十字形	880
		福百路-清盛大道交叉口	十字形	740
		福百路-创业大道交叉口	十字形	1300

改善前主要问题如下：

1. 交通吸引点分布密集，人流、车流较大

4条协调主干路周边分布了众多的商圈、学校等交通量吸引点，区域内车流、人流较大（图2）。

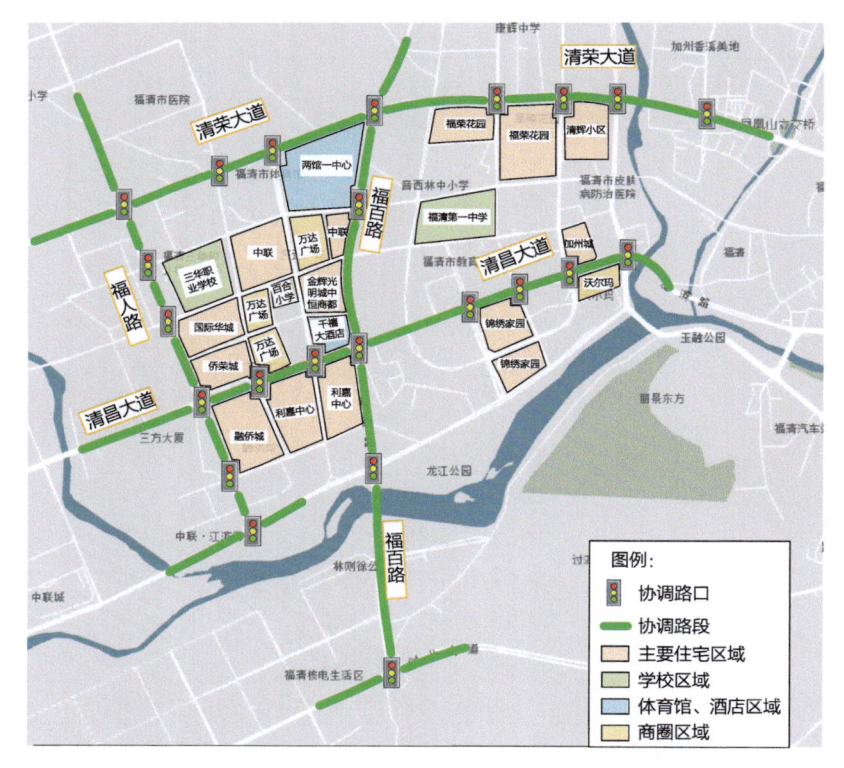

图 2　联动协调区域重要交通吸发点分布

2. 路段中干扰因素较多、行车通行效率较低

福百路、福人路路段中，存在较多人行横道、路段开口等。同时，路段中常有摩托车、电动车随意变道的情况发生，挤压机动车行驶空间（图 3）。

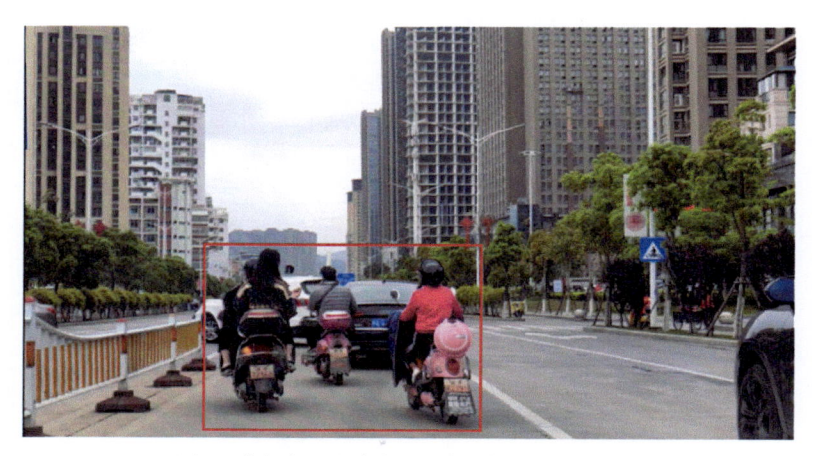

图 3　摩托车、电动车行驶挤压机动车道路空间

3. 路口间缺少协调控制，停车次数多、延误时间长

4 条主干道路在进行区域协调设计前，各路段双向总停车次数为 34 次，各路段双向总行程时间为 85min。

优化思路

针对联动协调区域内路口数量较多、路段距离较长的情况，本案例优化设计的思路和流程如下：

- 根据区域内路口流量情况，选取关键节点、确定协调区域的公共周期。
- 分析各路口运行情况，设计路口信号放行方式。
- 调研路段交通运行情况，利用信号控制平台研判分析，输出区域协调初步方案。
- 采用跟车法测试、调优，进一步完善信号控制方案。

优化措施

1. 选取关键路口、确定区域公共周期

选取清昌大道－福和路交叉口作为本次区域联动协调的关键节点路口，保证最大绿灯利用率及最大绿波带宽，根据路口及周边交通流的变化情况，确定平峰时段（9:00—16:00）的区域协调公共周期为140s（图4）。

图4 联动协调区域内关键节点路口

2. 设计路口放行方式及配时方案

通过调研实际运行情况，根据不同路口的运行情况，设计放行方式及配时方案。以"两纵两横"相交的 4 处交点路口为例，具体方案见表 2。

表 2　交点路口方案

路口名称	周期	相位 1	相位 2	相位 3	相位 4	相位 5
清荣大道－福人路	140s	东西对左 24s	东单放 9s	东西对直 44s	南单放 30s	北单放 33s
清荣大道－福百路	140s	东西对左 21s	东单放 16s	东西对直 52s	南北对直 30s	南北对左 21s
清昌大道－福人路	140s	西单放 25s	东西对直 23s	东单放 33s	南单放 32s	北单放 27s
清昌大道－福百路	140s	西单放 27s	东西对直 28s	东单放 28s	南单放 31s	北单放 26s

3. 各路段绿波设计速度选取

通过多次跟车测试，在路段限速要求基础上，充分考虑道路基础条件、车辆行驶特征、无灯控行人过街等因素，得到各路段绿波速度情况见表 3。

表 3　协调路段绿波设计速度

序号	路段名称	绿波设计速度/（km/h）
1	清荣大道	50
2	清昌大道	40
3	福人路	45~50
4	福百路	40~50

4. 使用设计软件计算绿波带宽

结合区域信号控制相关基础数据,利用绿波带优化平台设计得出基于双向最大绿波带宽的初步方案,具体联动协调路段平峰时段(9:00—16:00)双向绿波可行性研判时距如图5~图8所示。

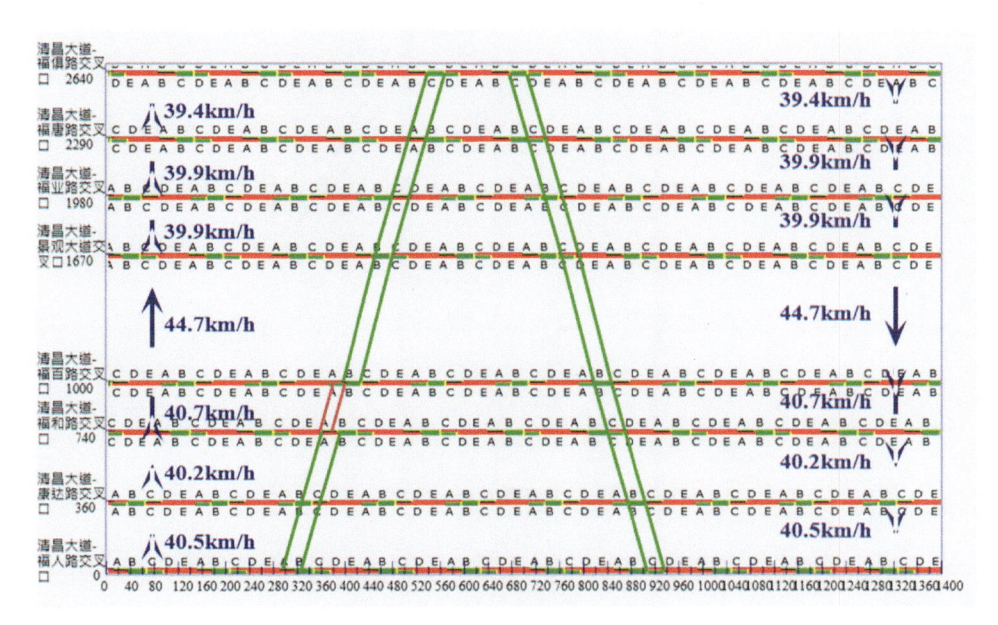

图 5　清昌大道绿波时距示意图

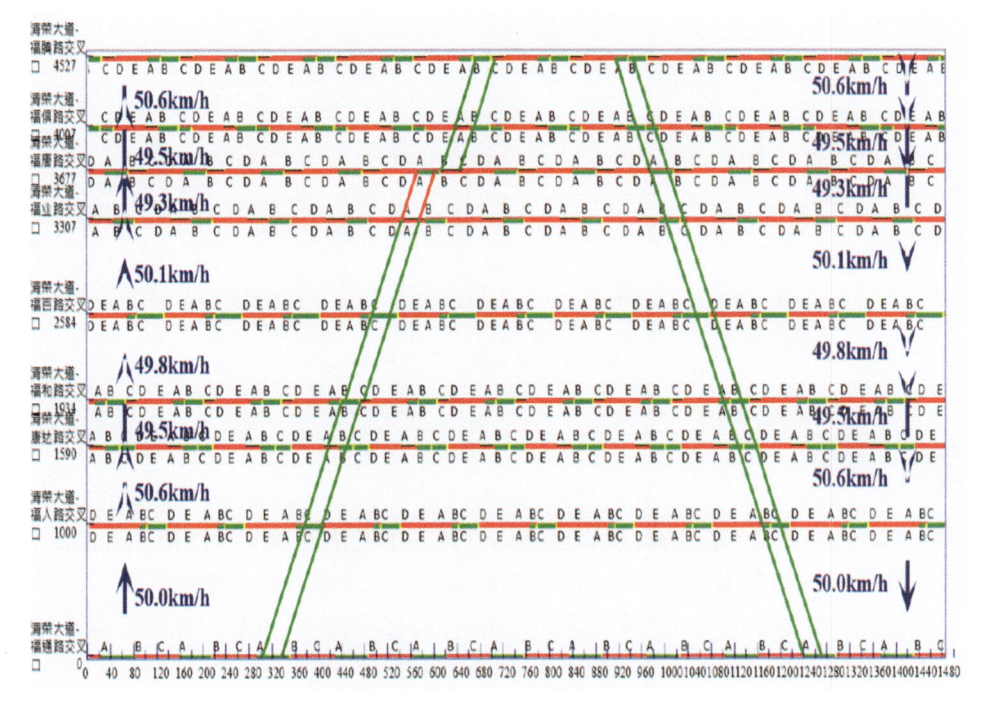

图 6　清荣大道绿波时距示意图

133

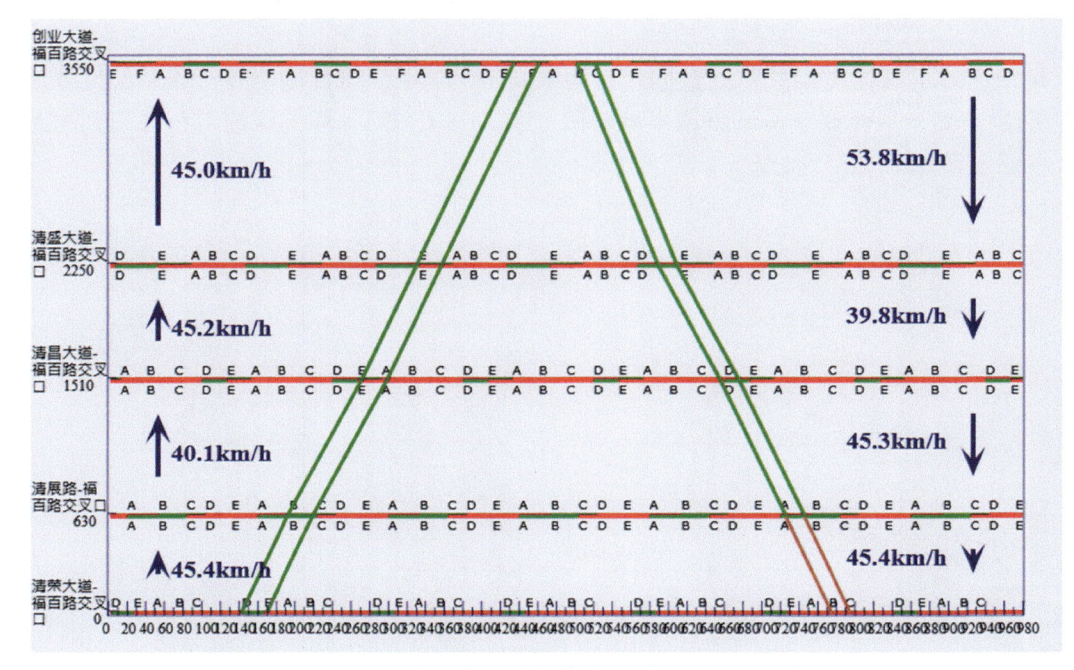

图 7 福百路绿波时距示意图

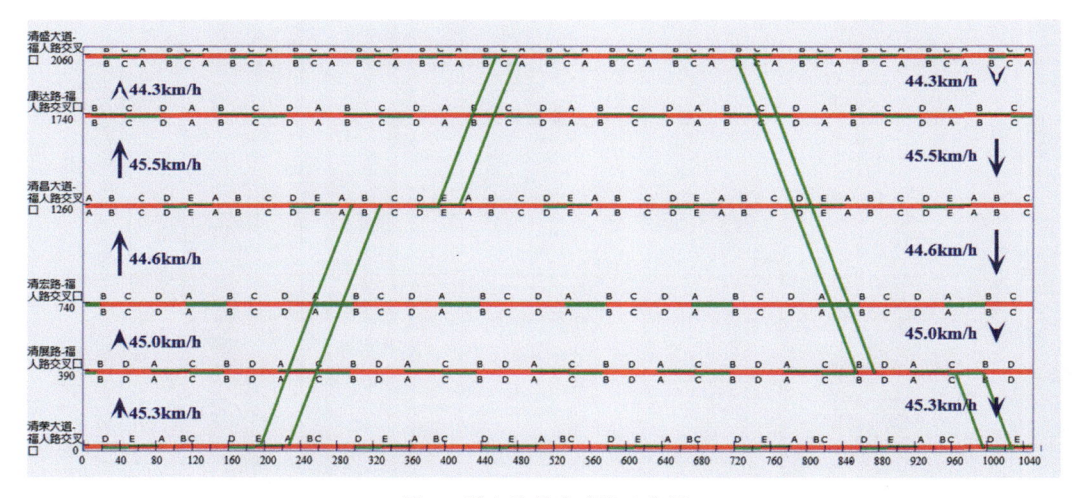

图 8 福人路绿波时距示意图

实施效果

通过多次优化调试、跟车测试，协调区域内 4 条主干道路的双向绿波协调控制效果显著，停车次数、行程时间大幅降低。4 条协调道路总停车次数由 34 次降低至 5 次，优化率为 85.3%；总的行程时间由 85min 降低至 50min，优化率为 41.4%；各协调道路具体优化效果见表 4~表 7。

表 4　清昌大道优化效果表

时段	协调方向	行程时间 优化前/s	行程时间 优化后/s	优化率（%）	停车次数 优化前/次	停车次数 优化后/次	优化率（%）
9:00—16:00	东往西	494	298	39.7	2	0	100
	西往东	564	397	29.6	4	1	75

表 5　清荣大道优化效果表

时段	协调方向	行程时间 优化前/s	行程时间 优化后/s	优化率（%）	停车次数 优化前/次	停车次数 优化后/次	优化率（%）
9:00—16:00	东往西	775	415	46.5	7	0	100
	西往东	881	527	40.2	6	1	83.3

表 6　福百路优化效果表

时段	协调方向	行程时间 优化前/s	行程时间 优化后/s	优化率（%）	停车次数 优化前/次	停车次数 优化后/次	优化率（%）
9:00—16:00	南往北	641	358	44.1	3	1	66.7
	北往南	604	373	38.3	3	0	100

表 7　福人路优化效果表

时段	协调方向	行程时间 优化前/s	行程时间 优化后/s	优化率（%）	停车次数 优化前/次	停车次数 优化后/次	优化率（%）
9:00—16:00	南往北	520	292	43.8	4	1	75
	北往南	618	327	47.1	5	1	80

案例点评

从绿波带到绿波网，不仅仅是协调路口数量的增加，更多在于均衡区域内主要道路的通行权益。相比"工"字绿波网，"井"字绿波网设置条件更加严苛。本案例通过实际测量法不断跟车、测试、调优，将各路口的相位差调整到"近乎极致"，从而使得各路口间的协调发挥得淋漓尽致，实现了非饱和状态下的区域双向绿波协调。

绿波协调控制可以有效降低行程延误、提升通行效率，对于主干路的运行至关重要，好的绿波控制方案不仅可以提升出行个体的通行体验，更重要的是可以减小整个社会的能源损耗和排放。但是绿波控制方案的实施需要一定的条件，如路口间距适宜、车流稳定、饱和度适合等。对于主干路以及片区路网而言，平峰最重要的运行目标是通过协调控制减小延误，高峰期间的目标则是要制定合适可行的信号控制策略，综合采用双向绿波、单向绿波以及"红波"来均衡交通压力，提升整体通行水平。

高架桥下大型路口时空协调优化

案例简介

高架桥下大型路口往往存在交通流量较大、视野不佳、机非交织、通行效率低等问题，容易产生交通拥堵，影响区域交通运行。本案例通过设置"直行左转待行区"，同步配合车道渠化、相位优化、配时方案调整等精细化措施，有效缓解了拥堵状况、提升了路口通行效率。

现状及问题分析

昆明市北市区与主城区存在严重的职住分离现象，龙泉路作为连接主城区与北市区的主干路，道路两侧多分布住宅和学校，因沿线居民小区交通出行需求较大，龙泉路较城区其他主干路通行压力更大。随着龙泉路两侧居民小区建成投入使用，龙泉路交通压力将进一步增加。

二环北路为昆明市二环快速系统的一部分，由于周边条件限制，与龙泉路相交路口缺少匝道分流，大量车流、人流在地面平交路口相互交织，加剧了龙泉路与二环北路交叉口交通拥堵（图1）。

二环北路-龙泉路路口主要存在的问题如下：

1. 北进口排队较长

北进口通行压力较大，现状仅2个直行车道，直行车辆排队较长（图2）。

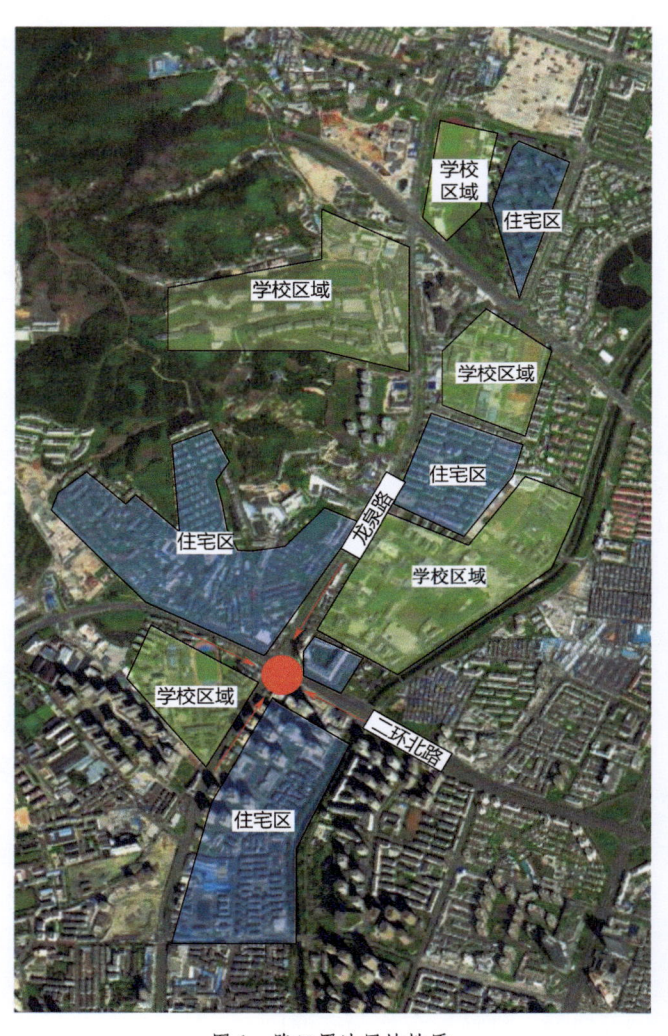

图1 路口周边用地性质

图 2　路口排队长、拥堵严重

2. 北进口路权分配不合理

北进口直行左转车流量变化不稳定，车道划分不能满足车流变化规律，高峰常出现长排队现象（图3）。

图 3　北进口车道渠化

3. 早晚高峰潮汐现象严重

该路口为承接北市区与主城区的关键节点路口，早高峰入城车流较大，晚高峰出城方向车流较大。路口采用南北直行对放、左转对放的放行方式，导致早高峰南口空放，晚高峰北口空放的状况时常发生。

4. 道路资源未充分利用

相交道路路幅较宽，路口内可利用区域较大，现状渠化设计粗放，放行效率较低（图4）。

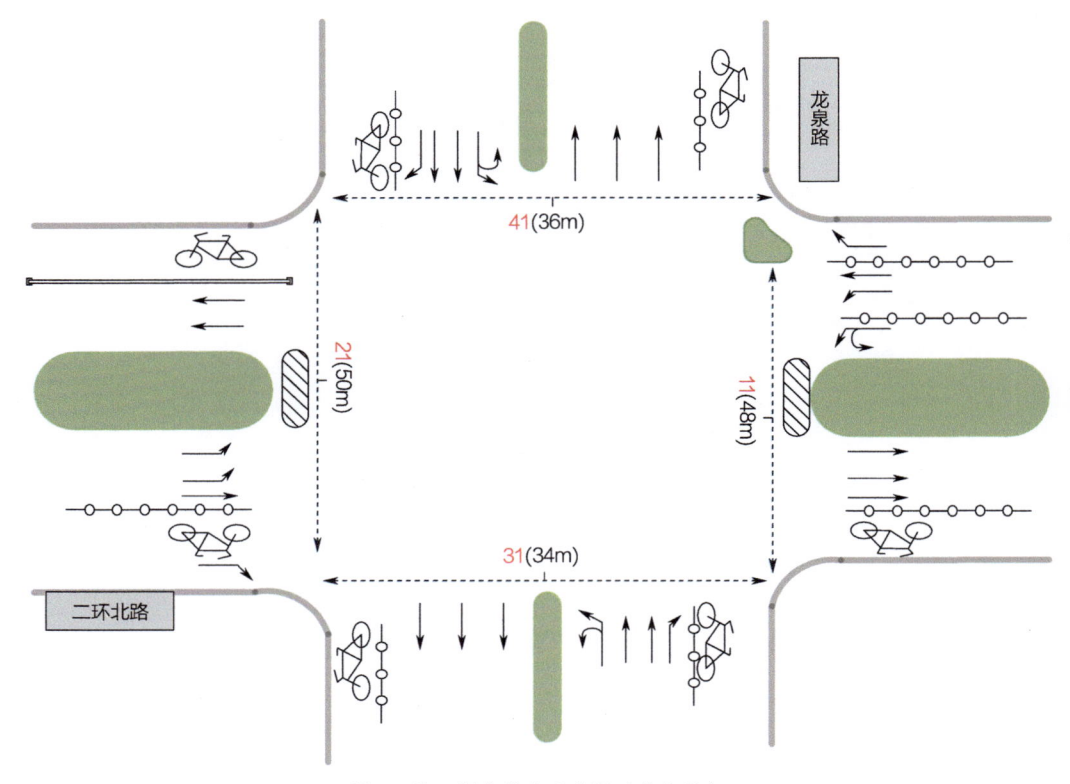

图 4　路口渠化信息示意图（优化前）

优化思路

- 适当压缩车道宽度，增加车道数，提高路口通行能力。
- 根据车流情况调整车道功能，匹配实际需求，提升路口放行效率。
- 充分利用桥下空置的大面积空间，通过分离冲突点设置待行区等方式，提升路口的蓄车空间，缓解长距离排队。
- 优化信号配时，清空放行车流，减小尾车冲突，保障通行安全。

优化措施

1. 压缩车道宽度，增加进口车道数

以明确路权、规范交通行为为切入点，优化路口各方向通行流线，右转提前分离，压缩原来较宽的机动车道及非机动车道，重新分配路口空间资源。通过现场调研，精细设计，在该路口各方向增加了一条车道。

2. 相位调整，对放改轮放

针对该路口各方向不同时段交通流量变化较大（特别是龙泉路方向交通流存在潮汐现

象），路口内部受桥梁墩柱阻挡、视野受限等情况，将该路口交通放行方式由"对放"调整为顺时针单口放行，更加合理地分配路口时间资源，消除路口"空放"，提升路口放行效率（图5）。

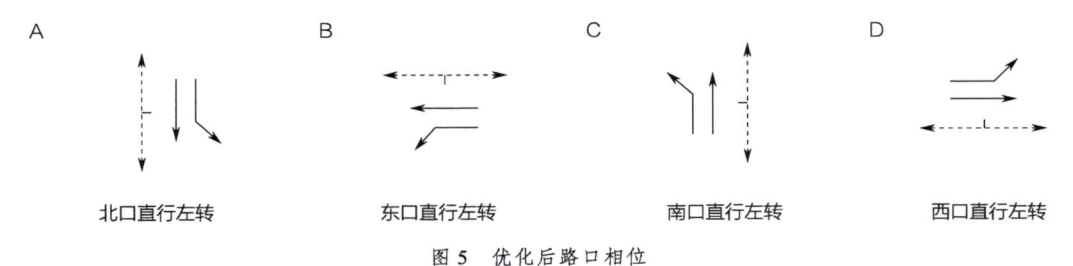

A	B	C	D
北口直行左转	东口直行左转	南口直行左转	西口直行左转

图 5　优化后路口相位

3. 车道功能调整

针对该路口各进口方向均存在左转、直行机动车交通流不同时段变化且规律不明显的实际情况，结合单口放行方式，在车道分配时采取直行、左转合并设置的措施，提高车道利用效率（图6）。

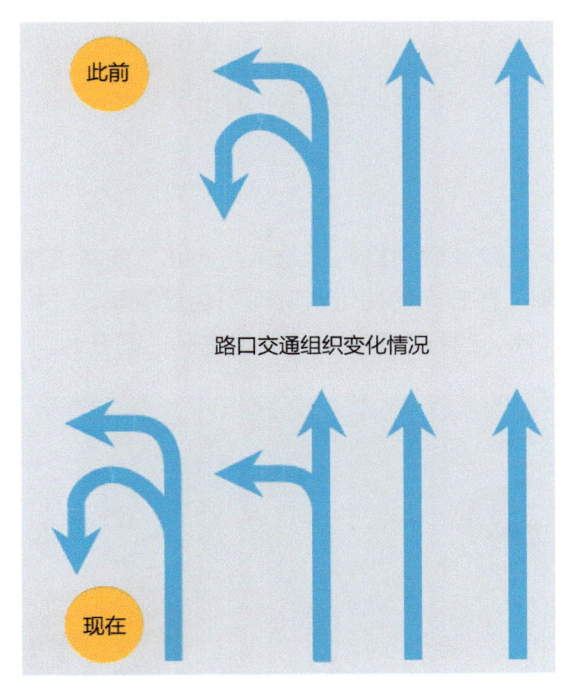

图 6　车道调整前后对比

4. 施划待行区，增加蓄车能力

利用路口空间设置机动车左转及直行待行区，最大限度地增加路口"蓄车"能力，从而缓解长距离排队。每一个信号控制周期可多放行部分车辆，"积少成多"，提高通行能力（图7）。

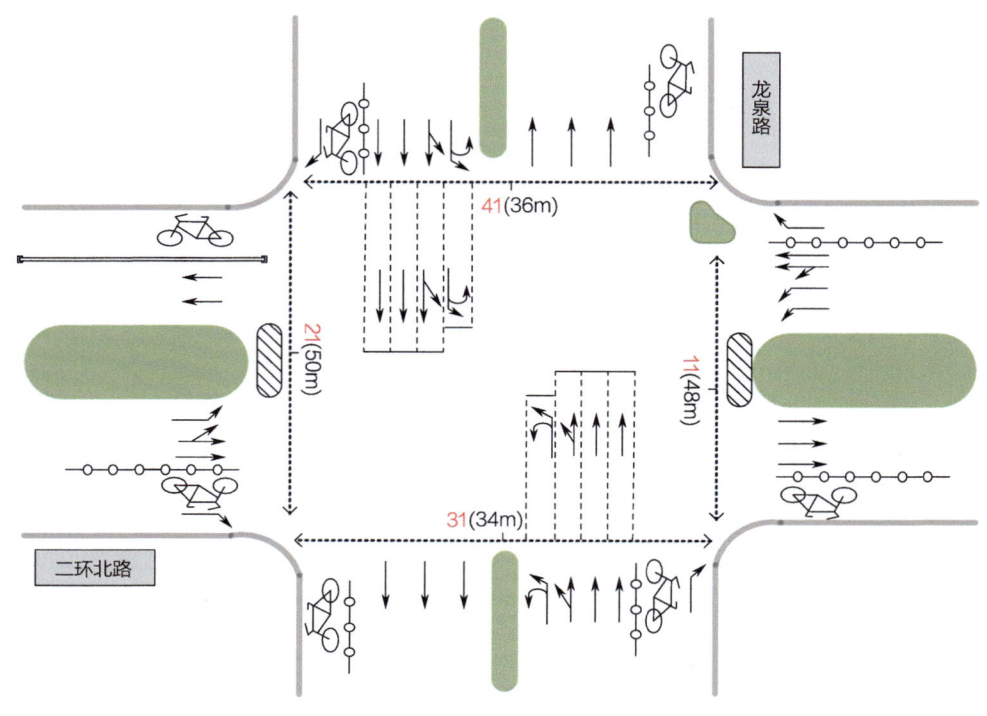

图 7　路口渠化信息示意图（优化后）

实施效果

调整优化后，路口运行效率明显提升，龙泉路南北方向车流排队长度明显减少，各方向车辆拥堵指数明显下降，各方向的拥堵状况得到明显缓解。非机动车采取二次过街的放行方式，路口整体通行秩序、通行效率都得到明显提升（图8）。

图 8　路口实施效果

由互联网道路运行数据分析可知，优化后早晚高峰时间段平均排队长度缩短约35m，拥堵指数下降40.33%，通行能力提升25.50%（图9、表1）。

a）优化前北口排队长度

b）优化前南口排队长度

c）优化后北口排队长度

d）优化后南口排队长度

图9 优化后南北进口排队长度比较

表1 优化前后路口平均排队长度及拥堵指数比较

	平均排队长度	拥堵指数	高峰通行能力
优化前	120.00m	88.15	5478辆/h
优化后	85.00m	52.60	6875辆/h
优化率	29.17%	40.33%	25.50%

案例点评

本案例采取"时间不够空间补"的策略，充分利用高架桥下的道路资源，施划待行区，增加了路口车辆的等待空间。针对该路口早晚高峰潮汐现象引发的严重排队，改"对放"为"单放"，并同步优化交通组织，更加匹配实际的交通需求，有力提升了路口通行效率。

高架桥底的路口，尤其是主－主相交的大路口，不仅面积大，交通流量也大，提升效率的核心要点在于充分利用闲置空间，采用时空互补、时空协调的方法进行精细化提升。常用的措施包括优化停车线位置、设置待行区、优化车道渠化及信号控制等。特别需要注意的是，由于路口内部存在桥墩、采光被挡、视野受限，存在一定的安全隐患，必须首先考虑安全要素，在满足安全视距、慢行过街安全、消除尾车冲突等基础上进行优化设计，不可本末倒置，为了提升效率而弱化安全管控。

信号优化治理六叉畸形路口安全隐患

案例简介

城市畸形路口一直是交通组织的难点，由于其车流行驶轨迹复杂、交织较多，交通安全问题不容忽视。本案例根据车辆及行人通行规律，结合路口运行数据、事故资料，通过调整相位相序、增设清空相位、设置行人绿波带等手段，提升了交叉口交通安全及运行效率。

现状及问题分析

重庆市江北区五里店六叉畸形路口是主城区东北大门重要的交通节点，由建新东路、五红路、五里店立交相交而成（图1）。路口东边连接江北国际机场、渝中区、南岸区，路口西边连接江北城、观音桥商圈。路口周边小区、学校较多，交通吸引力强，40多条公交线路在五里店经停或始发，路口周边高峰人流、车流较大。

由于路口在道路结构、渠化以及信号配时等方面存在不足，导致原本复杂的交叉口运行混乱、车流交织严重、相位尾车与行人冲突、行人过街困难等交通隐患问题突出（图2、图3）。

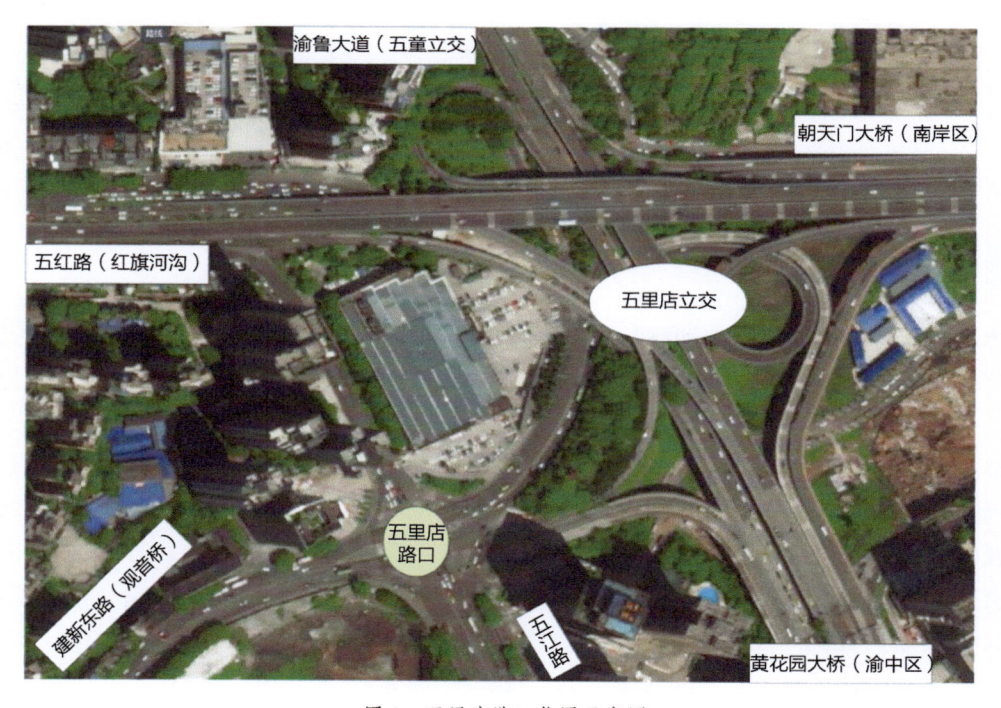

图1　五里店路口位置示意图

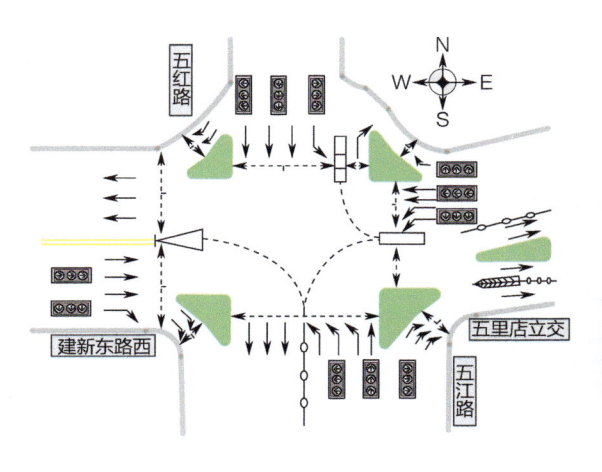

图2 五里店路口台账示意图

图3 五里店路口实景

该路口主要存在以下问题：

1. 出口交织点多，车流冲突严重

由于路口东出口车流有3个行驶方向，路口的南右、西直、北左、东掉头互为冲突车流。现状南口右转高峰流量较大，与西口直行、北口左转车流存在冲突，且由于路口较大、行驶路径混乱，加上外来驾驶员不熟悉路况，容易产生迷惑，在交织处经常发生车辆碰撞事故（图4~图6）。

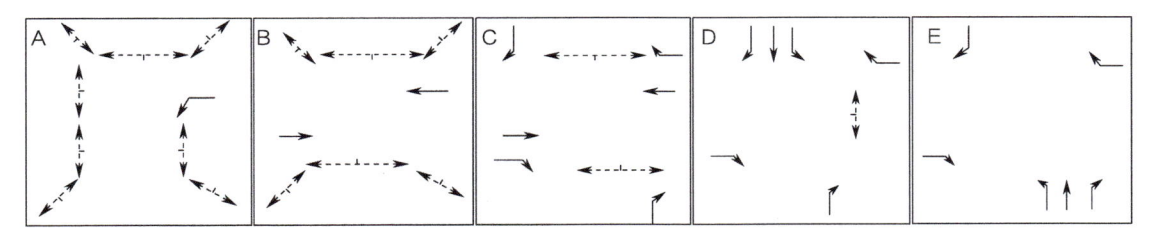

图4 五里店路口优化前相位图

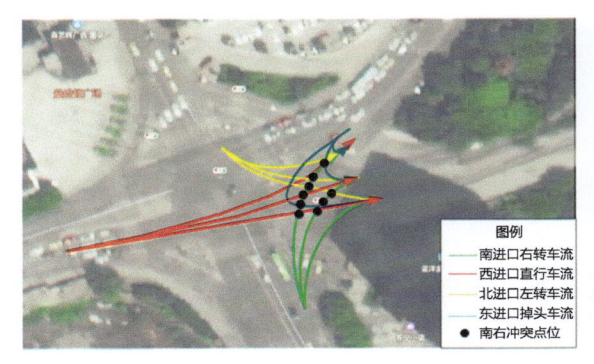

图5 东出口冲突点位示意图

图6 路口车流交织严重

2. 右转渠化岛的进出信号控制不合理，行人乱穿现象严重

路口东北角和东南角均为商业区，高峰期间东进口行人过街流量较大，而原配时方案

中一个周期只有一次进出右转渠化岛的"机会",放行次数少,等待时间长,诱发行人闯红灯,不仅影响右转车辆正常通行,还存在安全隐患(图7)。

图7 行人乱穿马路现象

3. 尾车与行人冲突严重

路口四角都采取了右转渠化岛的渠化方式,并且面积大,车辆通过路口的行驶路径长,仅靠3s黄灯时间很难避免尾车产生的潜在冲突。该路口南进口左转尾车易与西出口行人产生冲突,东进口左转尾车易与南进口行人产生冲突,导致车辆滞留在路口内,从而引发交通拥堵(图8、图9)。

图8 南左转尾车与西出口行人冲突 　　图9 东左转尾车与南进口行人冲突

4. 配时方案不合理,各进口排队长

1)原配时方案为了使西进口行人能连续过街,东进口左转车流单独放行,严重减小了东进口直行绿信比,导致高峰东进口直行排队长(图10)。

2)南进口左转有3条车道、直行流量较少,为了多放右转车辆,单口放行时间长,导致南进口直行、左转空放现象严重(图11)。

3)北进口高峰流量大、排队长,存在排队溢出至匝道的情况(图12)。

图 10　东进口直行高峰排队情况

图 11　南进口直行、左转空放

图 12　北进口高峰排队情况

优化思路

针对以上隐患问题，本着以"投资小、见效快、减冲突、规秩序"的优化原则，统筹考虑，从信号控制及安全性协同入手确定优化思路：

- ➢ 精细配时方案。根据交织冲突流向的车流量，确定"最小影响"交通流，优化配时方案；匹配各流向通行需求，设置搭接相位，提升通行效率。
- ➢ 设置行人绿波带。拆分右转机动车通行时间，设置行人"绿波带"，提升行人过街体验。
- ➢ 设置行人信号迟启。通过行人信号迟启，消除尾车与行人冲突，保障行人过街安全。

优化措施

1. 根据流量分析确定出口合流相位，计算合流安全时间

统计南口右转、西口直行、北口左转、东口掉头分别通往东侧 3 个出口的高峰车流量

（图13、图14），得到与南口右转车流合流冲突最小的车流，经分析可知，与南口右转冲突最少的车流为北口左转[说明：计算流向冲突流量值时，只考虑较严重的冲突点来计算冲突流量值，如北进口左转与南进口右转2股流向，冲突严重的点为图中圈红的3个，因此早高峰冲突流量值为（148+93+148）pcu/h]。高峰南右与各方向冲突车流流量见表1。

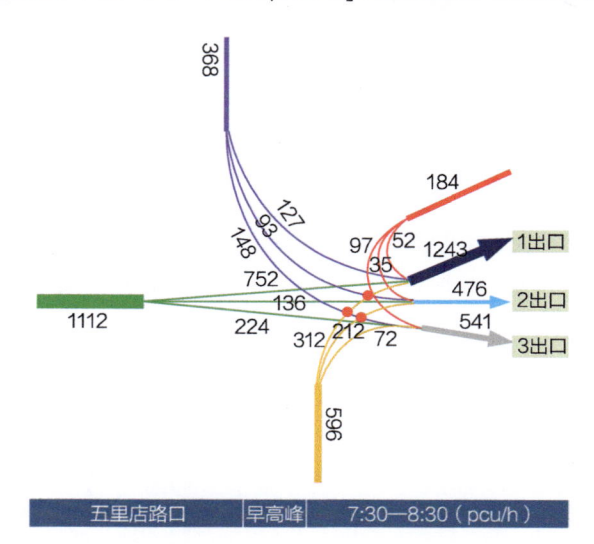

图13 早高峰通往东出口的流量情况

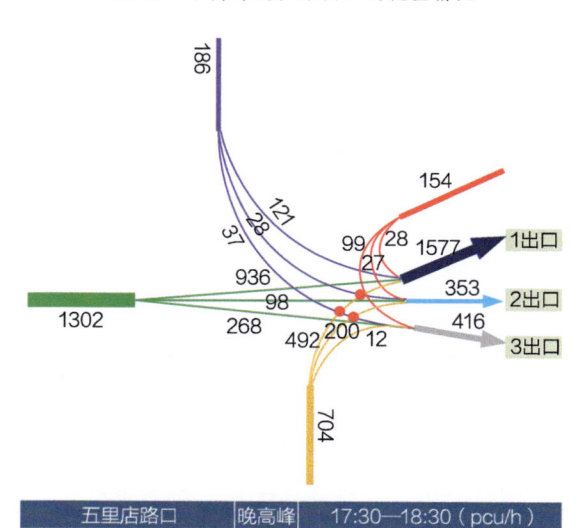

图14 晚高峰通往东出口的流量情况

表1 高峰南右与各方向冲突车流流量　　　　　　　　　　　　　　（单位：pcu/h）

	西直	北左	东掉头
南右（早高峰）	224+136+224	148+93+148	97+35+52+97
南右（晚高峰）	268+98+268	37+28+37	99+27+28+99
合计	1218	491	534

观察北口左转与南口右转车流在路口的行驶轨迹，计算出北口左转和南口右转合流相位的安全放行时间为10s。高峰合流放行时间可根据南口右转的车流决定，而在南口右转流量较少时（非高峰），确保合流放行时间少于10s，这样就能做到北左的首车与南右的尾车错开（图15）。

图15 北左和南右的车流首尾相连

2. 设置"搭接相位"

根据路口各向交通流量数据，东西方向、南北方向均设置搭接相位，让信号控制方案更好地匹配实际需求，减少高峰排队长度（图16、图17）。

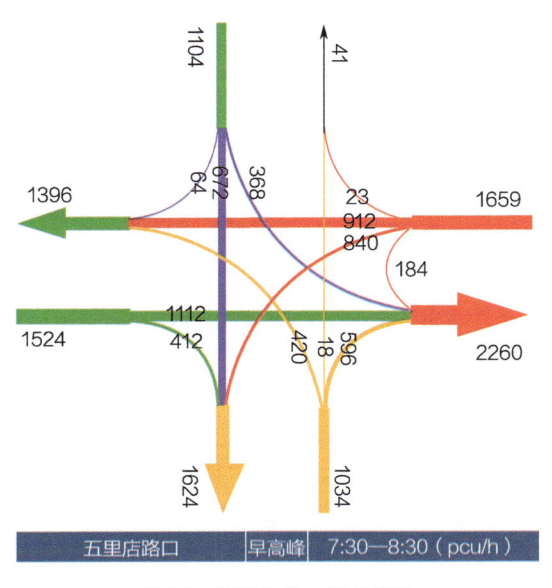

图16 早高峰路口流量情况

147

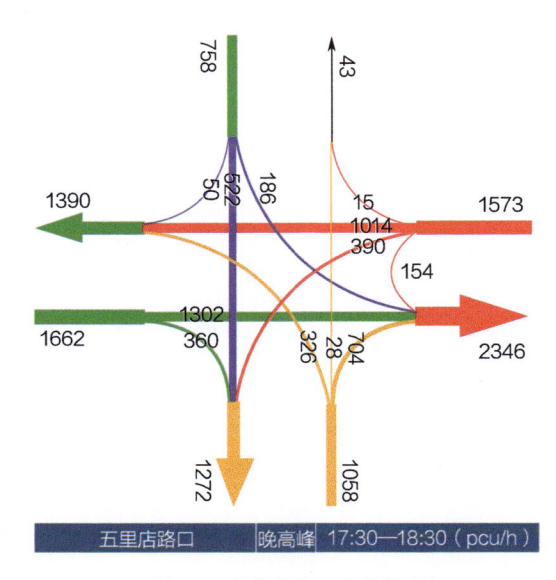

图17 晚高峰路口流量情况

3. 增加行人进出右转渠化岛次数，设置"行人绿波带"

对相位进行拆分，把原放行方式中行人每周期进出右转渠化岛的次数由一次增加到二次，对行人二次过街进行协调，使路口各方向行人均能在一个周期内连续过街。

4. 设置行人、车辆迟启动相位

根据北左、东左、西直车流在路口的行驶轨迹，计算得知北口左转、东口直行、西口直行尾车从停止线到完全驶离路口分别需要 8s、6s、8s。由于设置有 3s 全红清空时间，由此确定东出口行人（清空北口左转尾车）、南进口行人（清空东口左转尾车）、南口右转车行（清空西口直行尾车）分别迟启动 5s、3s、5s（图18）。

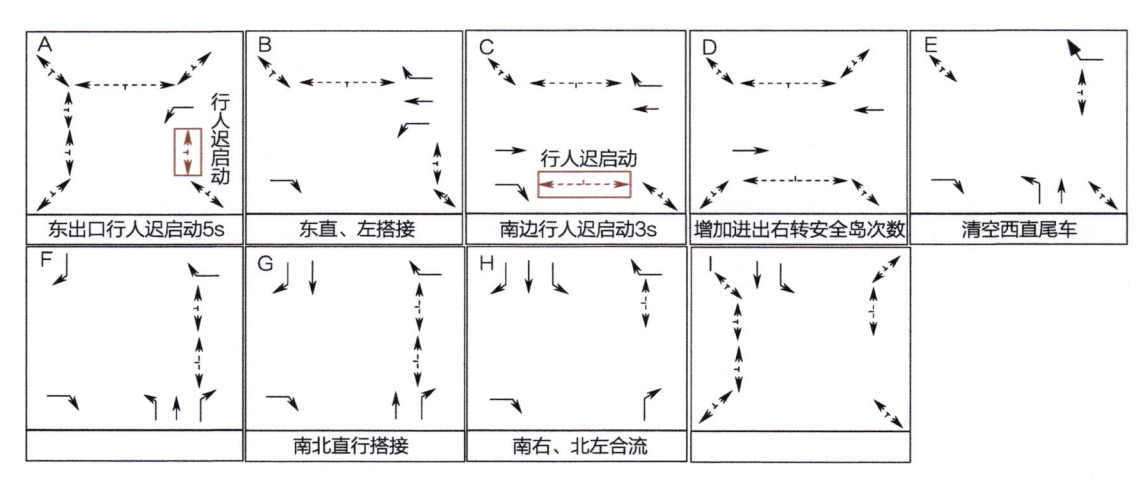

| A 东出口行人迟启动5s | B 东直、左搭接 | C 南边行人迟启动3s | D 增加进出右转安全岛次数 | E 清空西直尾车 |
| F | G 南北直行搭接 | H 南右、北左合流 | I | |

图18 五里店路口优化后相位图

5. 精细划分控制时段

根据该路口全天流量的变化特点划分10个控制时段，设置8套控制方案。南口右转和北口左转合流放行的相位（H相位）在高峰期间的放行时间根据南口右转的车流决定，其他时段该相位的时间控制在安全时间（10s）以内（表2）。

表2　优化后路口配时　　　　　　　　　　　　　　　　（单位：s）

序号	开始时间	结束时间	方案号	相序	周期	A	B	C	D	E	F	G	H	I
1	06:30	08:55	6	A-B-C-D-E-F-G-H-I	135	18	19	30	10	5	18	7	13	15
2	08:55	10:20	3	A-B-C-D-E-F-G-H-I	115	16	13	27	7	5	20	5	7	15
3	10:20	11:40	4	A-B-C-D-E-F-G-H-I	108	16	11	25	7	5	20	5	5	14
4	11:40	16:00	5	A-B-C-D-E-F-G-H-I	104	14	11	23	7	5	20	5	5	14
5	16:00	17:00	2	A-B-C-D-E-F-G-H-I	120	13	13	30	7	5	20	5	9	15
6	17:00	18:00	11	A-B-C-D-E-F-G-H-I	135	18	19	33	10	5	18	7	10	15
7	18:00	19:30	12	A-B-C-D-E-F-G-H-I	140	19	19	35	10	5	18	7	14	14
8	19:30	21:00	4	A-B-C-D-E-F-G-H-I	108	16	11	25	7	5	20	5	5	14
9	21:00	23:59	5	A-B-C-D-E-F-G-H-I	104	14	11	23	7	5	20	5	5	14
10	23:59	06:30	1	A-B-C-D-E-F-H-I	80	10	10	15	7	5	15	—	5	13

实施效果

➢ 通行安全得到保障。方案实施后，减少了六叉畸形路口的交织冲突，路口车流运行井然有序，车辆通行安全得到大幅提升，效果显著（图19）。

图19　五里店路口优化前后视频对比截图

➢ 行人过街安全提升。路口各方向行人均能在一个周期内连续过街，且无须在中间安全岛上停留，同时增加了进出右转渠化岛的次数，提高了行人过街通行效率，降低了行人闯红灯概率。通过设置清空相位，在时间上分离行人与车辆的冲突，保障弱势群体的出行安全（图20）。

图20　优化后五里店路口实景

➢ 通行效率提升。第三方互联网数据显示，路口高峰延误指数由优化前的33.85下降到29.01，优化率14.30%，平均停车次数由优化前的0.7次下降到0.6次，优化率14.29%，路口通行效率提升明显（图21）。

图21　优化前后五里店路口互联网数据对比

案例点评

　　针对多路交叉畸形路口冲突点多、交通安全隐患大、信号配时不合理的状况，本案例根据交织流向车流量，合理设置合流相位及合流时间；增加行人进出右转渠化岛的放行时间，并设置行人迟启信号，提升了行人过街安全性及体验感。措施有效解决了路口运行的安全及效率问题，使整体交通安全得到有效提升，通行更加顺畅。

　　多路相交形成的畸形路口交通轨迹复杂、冲突点多、控制难度大，容易成为区域内的事故多发点及堵点。其治理应根据路口所处的区位、具体结构及交通流量大小制定不同的优化目标，并采取差异化的优化策略。当处于外围区域且流量较小时可采用环岛组织方式，既能提升安全又能简化控制；当其处于城区内且流量适中，可通过设置精细化的信号配时及渠化方案来保障安全，提升运行效率；当其流量较大且严重制约区域交通运行时，可采用某些进口单行或者禁止部分车流转向的方式简化路口结构，从而提升通行效率。

主动均衡负荷的城市快速路匝道交通信号管控

案例简介

快速路交通行驶速度快、通行能力大，一直发挥着城市交通大动脉的作用，但由于交通吸引力较强，与普通路网协同不足，经常出现长距离拥堵现象，严重制约了快速路交通功能的发挥。本案例通过交通数据智能感知、交通态势实时预警、快速路入口匝道信号与地面信号系统联动等措施，主动均衡负荷，合理控制内环快速路主线交通流，实现了快速路通行效率提升，保障了城市骨架路网的顺畅运行。

现状及问题分析

随着苏州市经济快速发展，机动车保有量快速增长，截至 2021 年 12 月底，苏州市机动车保有量已达 479 万辆，位居全国第四。快速增长的机动车给城市交通带来了极大压力，快速路作为城市交通主动脉，早晚高峰交通拥堵已成为常态，苏州市内环快速路已经满足不了当下的交通需求（图 1）。目前，快速路交通管理面临着流量大、事故多、瓶颈多等现实情况，内环快速路拥堵时段已从高峰期逐渐向平峰期发展，如何采取有效措施缓解内环快速路拥堵成为急需解决的难题。

图 1 内环快速路早高峰交通实况

内环快速路是连接苏州市东西两翼经济开发区、南北休闲旅游区的城市主动脉，随着吴江太湖新城入驻、高新区科技城融入发展，内环快速路吸引了更多的车辆，进一步加剧了快速路交通拥堵程度。当前，内环快速路主要存在如下管理难题：

1. 实际流量远超设计流量，交通流量过饱和

据统计，内环快速路主线设计流量为 0.84 万 pcu/h，现状高峰时段平均断面流量已达 1.2 万 pcu/h，为设计流量的 1.43 倍；从交通运行情况来看，早晚高峰时段内环快速路主线平均车速约 20km/h，交通拥堵指数达 1.6 以上，特别是友新、北环、娄江等路段均已超饱和运行（图 2）。

图 2　内环快速路早晚高峰路况

2. 匝道布局与交通需求不匹配，进出匝道处交织严重

匝道设计为"先入后出"，高峰时段交通流量激增，入口匝道车辆无法驶入主干道，主干道车辆无法快速驶入出口匝道，出入口匝道布局与当前交通需求不匹配导致交通冲突点突出，严重影响主干道车辆通行效率（图 3）。

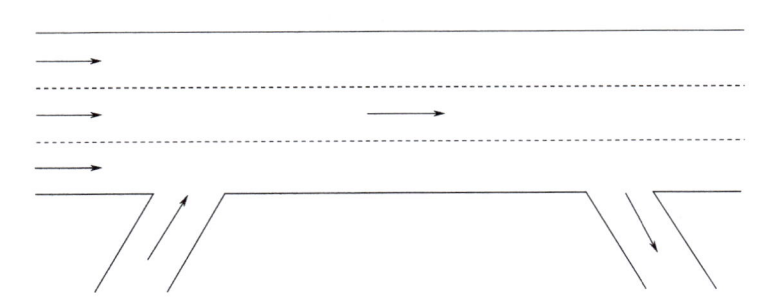

图 3　内环快速路上下匝道布局

3. 内环快速路主线交通流量大、出入口匝道间距短

这导致入口匝道驶入主线交通流与出口匝道驶离主线交通流交织干扰，导致主线交通流积压严重。目前，内环快速路出入口常态堵点共有 27 个，包括东环娄门路、南环迎春

路等节点，快速路出入口的拥堵又进一步加剧了主线的拥堵状况（图4）。

图 4　内环快速路早晚高峰常态拥堵点

4. 交通流分布不均衡现象较为严重

由于快速路主线无信号控制系统，而地面道路设有大量信号灯控路口，使得群众出行更愿意选择城市快速路，导致内环快速路早晚高峰时段拥堵严重，而周边地面道路却较为通畅，交通流分布不均衡。

优化思路

- 精准感知交通流数据。通过建设交通流采集设备，实时获取内环快速路及出入口匝道交通流数据，结合互联网拥堵数据对内环快速路实时运行状况进行综合研判，为缓堵保畅提供数据支撑。
- 驶入交通流"缓入"控制。充分利用入口匝道的"蓄水空间"，在快速路主线与入口匝道合流处增设信号控制，当检测到主线交通量接近阈值时进行预警提示，对驶入入口匝道方向上游地面路段实施"截流"控制，减缓车流进入速度。
- 驶入交通流"快出"控制。当出口匝道交通流达到系统设定阈值时，系统自动提示需对出口匝道下游相关联的地面信号路口实施联动控制，加强地面绿波疏散，加快车流驶出速度。

优化措施

1. 精准研判道路拥堵程度

将内环快速路划分为多个小区间，运用小区间内前端感知设备获取的平均速度、空间占有率等数据，并结合互联网平台的交通拥堵、天气等数据，以 5min 为颗粒度，精准分析内环快速路的交通拥堵指数，生成快速路小区间的综合运行曲线，实时监测快速路交通运行状态（图5）。

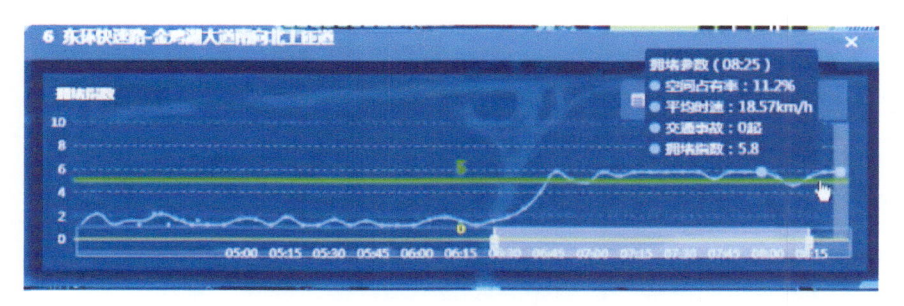

图 5　入口匝道综合运行曲线

当快速路主线交通拥堵指数大于阈值时，快速路信号控制系统将开启匝道信号控制，控制进入主线的车流，保障快速路主线运行畅通（图6）。

图 6　内环快速路交通信号控制

交通拥堵指数 = 交通状态指数（TSI）×35%+ 空间占有率 ×30%+ 互联网数据 ×12%+ 事故数据 ×23%。相位指标的含义如下：

（1）交通状态指数（TSI）

$$TSI = \frac{v_f - v_i}{v_f} \times 100$$

式中　v_i——路段 i 的行程速度，即当前行驶速度；
　　　v_f——路段 f 的自由流速度，即限速值（快速路取 80~100km/h）。
加权计算模型：

$$TSI = \frac{\sum_{i=1}^{l} k_i l_i \left(\frac{v_f - v_i}{v_f} \right)}{\sum_{i=1}^{l} k_i l_i} \times 100$$

式中　l_i——路段 i 的长度，即微波检测器的检测范围200m；
　　　k_i——路段 i 的车道数，这里指主线的车道数；
　　　I——路段数。

（2）空间占有率

路段上所有车辆占用的长度与路段总长度的百分比（%）。

空间占有率连续3min数值＞40%或连续5min＞35%判定为拥堵。

空间占有率	0~20%	20%~35%	35%~60%	≥60%
判定值B	2	6	10	13

（3）互联网数据

对接互联网实时路况数据，地图实时路况为绿色表示畅通，黄色表示缓行，红色表示拥堵。

拥堵水平	畅通	缓行	拥堵
判定值C	2	6	10

（4）事故数据

以匝道合流处为中心向下游划分范围，交通事故发生在匝道合流处下游指定范围内，事故判定值为相应数值，具体事故研判值如下表：

距离	0~1km	1~3km	≥3km	无事故
判定值D	18	13	6	0

2. 动态优化入口匝道信号配时方案

为保障快速路主线的通行效率最佳，需要确定匝道控制的最优绿信比。综合考虑采用2个参数来确定入口匝道调节率，一个是基于速度的调节率，另一个是基于时间占有率的调节率，综合研判通行效率最佳的临界速度和临界占有率。

以每5min实时交通流数据确定入口匝道调节率，即下一时刻匝道汇入主线的车辆数，实时动态调整匝道信号灯绿信比，使信号配时方案适应实时交通流的变化，实现入口匝道信号配时的动态优化，从而充分发挥入口匝道路段"流量蓄水池"作用，实现"缓进"的目的（图7）。

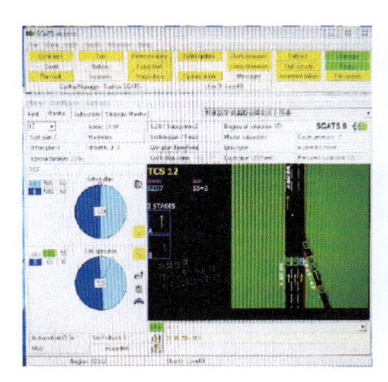

图7　入口匝道信号自适应控制

3. 入口匝道区间协同控制

当连续2个或2个以上匝道信号灯开启控制后，需对多个匝道进行信号协同控制。基于每个入口匝道最优调节率，以单位时间内快速路主线各区间驶出车辆数最多、各入口匝道剩余车辆数最少为优化目标，不断进行迭代、优化，确定快速路整体流量均衡、通行效率最大化的各个匝道控制调节率，得到每个入口匝道的控制方案，实现主动均衡快速路主线各区间交通流的目的。

4. 协同联动"高、地"信号控制

为减少车辆驶入、驶出主线期间对主线交通流的影响，实现快速路与周边地面道路交通流主动均衡分布，当匝道开启信号控制后，地面关联路口实施联动控制。在出口匝道下游相关路口设置绿波方案，快速疏散下匝道车流，防止匝道排队溢出；在入口匝道方向上游相关路口实施"截流"方案，适当控制驶入入口匝道的车辆，缓解入口匝道的交通压力。通过合理组织地面交通流，科学分配路权，挖掘城市地面道路的分流潜能，实现了内环快速路主线交通流"慢进快出"和主动均衡目标（图8）。

图8 高、地信号系统联动控制

实施效果

快速路交通信号控制系统应用以来，实现内环快速路12个出入口匝道的动态监测和自动预警，系统预警准确率达95%，有效缓解了苏州市内环快速路交通拥堵状况。以友新快速路－北蠡墅街、石湖西路、太湖西路3个点位为例，协同控制实施后，主线流量平均增加143pcu/h，合流处断面平均车速提升2.04km/h；石湖西路和北蠡墅街入口匝道通行效率得到一定程度改善，同时，"高、地"联动控制实施后，地面交叉口饱和度均在0.9以下，实现了城市路网交通流主动均衡分布，路网整体运行效率得到有效提升（图9、图10）。

图9 优化后入口匝道早高峰实况   图10 优化后入口匝道连接路口早高峰实况

案例点评

快速路出入口匝道布局与当前交通需求不匹配、交通感知不全面、匝道车辆管控难等是城市快速路交通管理中普遍存在的难题。本案例通过增设数据采集设备、融合分析互联网运行数据，完善了匝道进出控制策略、建立了"高、地"协同联动信号控制系统，快速路高峰期通行效率显著提升，地面道路关联交叉口饱和度明显降低，极大提升了群众出行舒适度。

快速路的交通定位在于服务中长距离的交通出行，是为了承担城市中大运量的通勤交通，如果部分出行者在早晚高峰期间仅通过城市快速路完成短距离出行，无疑会增加快速路的通行压力，使其"动脉功能"大打折扣。因此可通过路况信息发布和预测、路况信息精准推送、高峰期间入口信号控制等方式诱导出行者主动选择适宜的路径行驶。除此之外，可在快速路适当位置，尤其是连续多股车流汇入的瓶颈路段设置"定向匝道"，专供较远距离目的地的车辆行驶，通过专用定向车道可以提前分离交织冲突，减少无效的变道行为，规范行车秩序，从而降低交通事故，提升运行效率。

交通设施提升

精准实施车道管控措施助力干道消盲区、保安全、提速度

慢行交通过街设施一体化优化设计应用

巧用桥底空间实施错位通行提高路口通行效率

精准实施车道管控措施助力干道消盲区、保安全、提速度

案例简介

城市货运车辆过境通道存在货车多、路况复杂、安全隐患大等特点，对货车的管理是城市交通管理工作中的重点、难点。位于台州市椒江区的开发大道，是台州市连接椒江城区、经济开发区及滨海集聚区的重要通道，是目前椒江组团南侧唯一的东西向货运通道。道路交通流主要以大型货运车辆为主，沿线支路路口、单位道口繁多，最外侧机动车道上通行的大量货运车辆遮挡沿线支路路口、单位道口视线形成的动态盲区问题十分突出，存在严重的安全隐患。本案例研究改善范围西起台州大道，东至沿海高速，全长约 13km，通过实施对外侧机动车道限制货车通行、完善交通标志标线及电子监控设施设置等措施，大大提升了道路安全性及行车效率（图 1）。

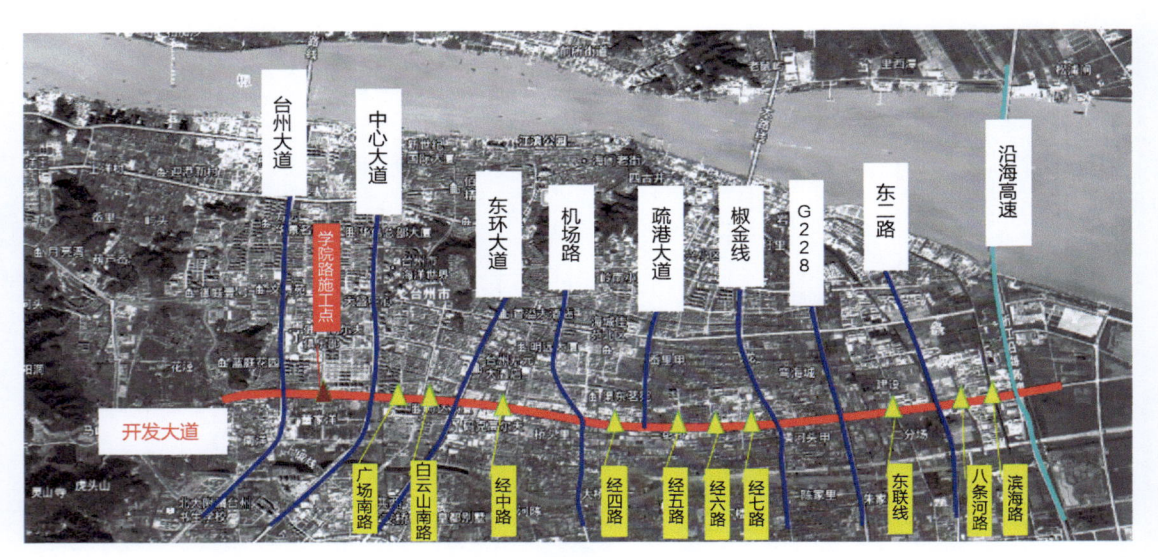

图 1 改善道路路段范围区位示意图

现状及问题分析

1. 车流量大，事故率高

道路现状为机动车双向 6 车道，高峰小时交通流量东向西方向为 1700 辆 /h 左右、西向东方向为 2150 辆 /h 左右。交通流中货运车辆占比近 20%，且占用主线全部 3 个车道通行，导致其他车辆行驶速度降低，并致道路通行能力和安全性下降。

2. 路口多，间距短，干扰大

自西向东与开发大道相交的主要干道有台州大道、中心大道、东环大道、机场路、疏港大道、椒金线、G228国道、东二路等，加上其他相交道路，共计有19个干线相交节点，均为信号灯控制路口。道路沿线支路路口、单位开口众多，其出入车流对主路交通流的干扰较大。

3. 交通设施不完善

由于缺乏系统的管理与维护，开发大道沿线交通设施缺失、损坏严重，部分交通标志设置不规范、辨识度低，部分随意设置的广告牌影响了对交通标志的视认（图2）。

图2　交通设施设置现状示例

优化思路

为保证货车有序通行的同时，提高道路通行安全性和通行效率，管理部门从规范车辆通行空间、完善交通设施等方面入手，进行了道路交通组织的优化。

> 规范货车通行。针对交通流中货车占比大、通行不受限的问题，规定货车通行车道，减少对其他车辆的干扰，增大安全视距，提高路侧开口处的安全性。
> 强化机非隔离。为保障慢行交通过街安全，对路段中间人行横道进行优化改造，为行人过街驻足、开展礼让斑马线执法提供基础条件。
> 规范设施设置。开展现状设施问题排查，按照规范要求对设施进行整改完善，并根据优化措施增设相关交通设施。

优化措施

1. 禁止货车在外侧车道内通行

为保持路段全线通行能力不下降、沿线道口进出交通的安全，路段的外侧车道（即紧靠机非绿化带的车道）禁止货车通行，仅允许货车在中间车道及内侧车道通行。路口设有 3 个及以上直行进口车道时，禁止货车在外侧直行车道内通行。实施全路段最外侧车道禁止货车通行后，有效改善了路段沿线进出口的安全视距，保障了进出主路车辆的安全。

2. 完善车道行驶方向标志设置

为了让货车驾驶人清晰、明确地了解可以通行的车道，在开发大道沿线的中心大道、白云山路、东环大道、机场路、疏港大道、东二路、G228 国道 7 个路口，采用龙门架形式，在车道上方设置车道行驶方向标志，其他灯控路口同步进行车道行驶方向标志更换。

3. 优化路段斑马线设置

对路段沿线的人行横道，统一进行优化调整，采用错位式设置，并将人行横道前方的停止线进行退后，增设 5m 长的禁停区，并在停止线与禁停区中间，设置"车让人"文字，同时将机动车道实线段长度调整为 50m。考虑路段较宽，在道路中央，通过"波形护栏+隔离墩"的方式，设置慢行等候区。为进一步提升路段行人过街设施的夜间视认性，设置纵向减速标线、主动发光警告标志、发光警示桩，同时为提高夜间的照明，在两端人行道板上各设置一组中杆照明灯（图 3、图 4）。

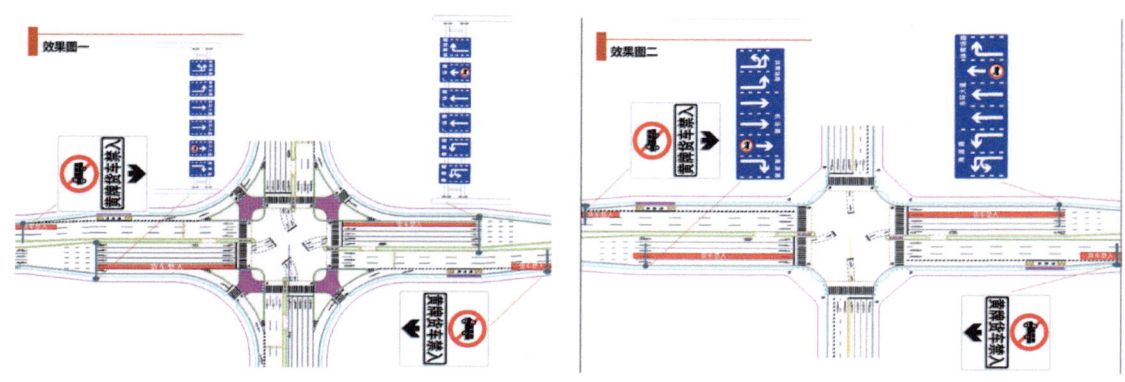

a）路口优化设置方案

图 3 优化设计方案图示

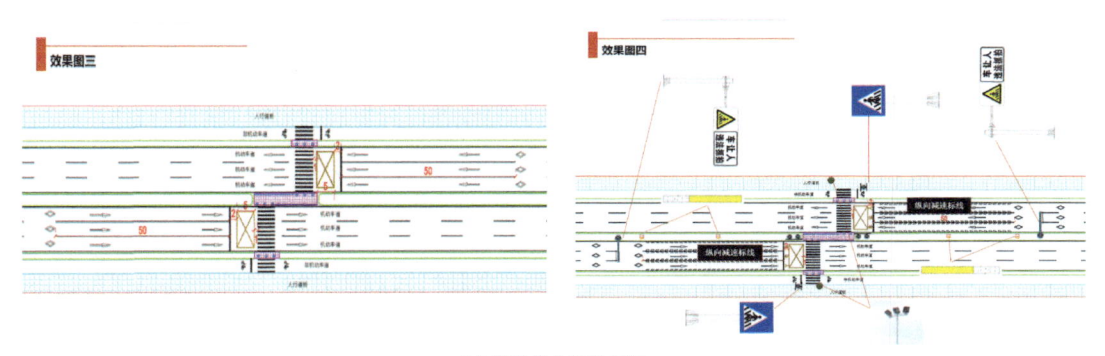

b）路段优化设置方案

图 3　优化设计方案图示（续）

图 4　优化方案实施后效果示例

案例点评

穿越城市的过境道路，往往也是货运主通道。由于货车车型大、载重大、视野受限，极易造成交通事故，且严重性也较高。本案例中提出的货车通道设置方法，值得借鉴。案例综合考虑了道路断面及货车车辆特点，通过禁止货车外侧车道通行、人行横道前方停止线后退等方法，有效解决了货车通行中的盲区问题。通过沿线标志优化，加强对货车准行车道的连续指引，保障了货车有序通行。

货车因其车型原因，视觉盲区较大，除了本案例提及的直行存在的问题，转弯时的盲区也需注意。案例中主要对沿线出入口、直行以及人行横道前方的货车交通进行优化，其方法值得借鉴，但对如何消除转弯盲区未涉及。目前，针对如何消除货车转弯存在的安全问题，很多城市也在积极探索，创新了一些做法，如货车右转警示区、货车右转警示系统、货车右转盲区凸面镜、实施右转货车停让管理等，并取得了一定效果。

慢行交通过街设施一体化优化设计应用

案例简介

衢州市白云中大道为城市主干路，路幅较宽，路段行人过街距离较长，很难一次过街，且道路中央未设置二次过街安全岛，行人过街存在安全隐患。同时由于机动车行驶速度较快，驾驶人不能及时观察到过街行人，导致事故频发。本案例通过对白云中大道与南海路交叉口设置错位斑马线、增设不礼让行人违法抓拍设备等措施，保障了行人过街安全，提升了路口的整体安全性与通行秩序。

现状及问题分析

白云中大道与南海路交叉口位于衢州市智慧新城，现状为非灯控T形右进右出路口，两侧以住宅区为主，行人和非机动车过街需求量较大（图1）。白云中大道是贯通智慧新城并连接老城区和石梁片区的主干路，机动车日均高峰期流量为4860pcu/h。

图1 慢行过街地理位置示意图

白云中大道与南海路交叉口过街设施主要存在以下问题：

1. 未设置行人驻足安全岛

斑马线长度超过16m，未按照相关规范设置二次过街安全岛，行人和非机动车不能一次性通过时，无驻足等候区，存在很大的安全隐患。

2. 存在视线盲区

白云中大道方向机动车进口道为 3 车道，内侧车道车辆在斑马线前停车时会遮挡外侧车道驾驶人与斑马线上行人之间相互观察的视线，存在一定安全隐患。

3. 行人与非机动交织严重

路口范围内未明确划分行人与非机动车通行区，高峰期间行人与非机动车相互交织，通行路径不规范，秩序较差（图 2）。

图 2　慢行过街设置优化前实景图示

优化思路

针对路段慢行过街设施存在的安全隐患，管理部门从改善视线、明确路权等方面出发，保障慢行过街交通的安全性。

- ➤ 改善机动车行车视线。优化停车线设置位置，让机动车驾驶人能够更清晰地观察斑马线上的情况，留出更充裕的反应时间。
- ➤ 道路中央设置驻足等候区。压缩机动车道宽度，设置面积合适的中央等候区，为二次过街提供足够的停候空间。
- ➤ 优化慢行过街交通通行路径。明确行人和非机动车各自过街通行路径，减小相互间的交织干扰。
- ➤ 加强对不礼让行人的违法行为管控。增设不礼让行人违法抓拍设备，强化对不礼让行人的管控力度，提升交通文明意识。

优化措施

1. 设置"Z"字形错位斑马线

为保障慢行交通通行安全,将现状过街斑马线改造为"Z"字形错位斑马线。通过压缩机动车道宽度、增设隔离栏等措施,在道路中央设置3m宽的二次过街驻足等候区(图3)。

2. 调整机动车停车线设置方式

为保障外侧车道车辆驾驶人和斑马线上行人的相互观察视距,将现状路口机动车停止线改造为"阶梯式"停止线,即以机动车行驶方向左侧人行横道线边缘为基准,将机动车停止线按车道从近至远逐级依次后移3m、6m、9m,呈阶梯状设置(图4)。

3. 优化慢行交通组织

进行慢行交通一体化设计,施划彩色路面,明确标示非机动车过街通行路径,实现行人与非机动车分区通行,减少相互交织,改善慢行交通过街秩序。

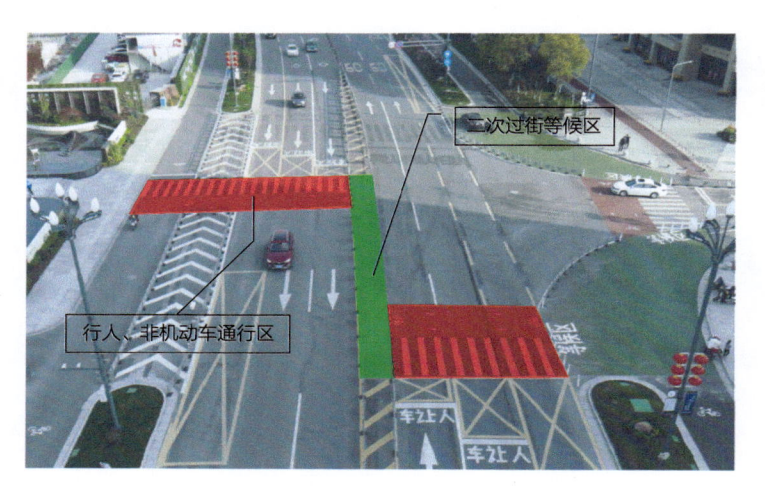

图3 "Z"字形斑马线实景图示

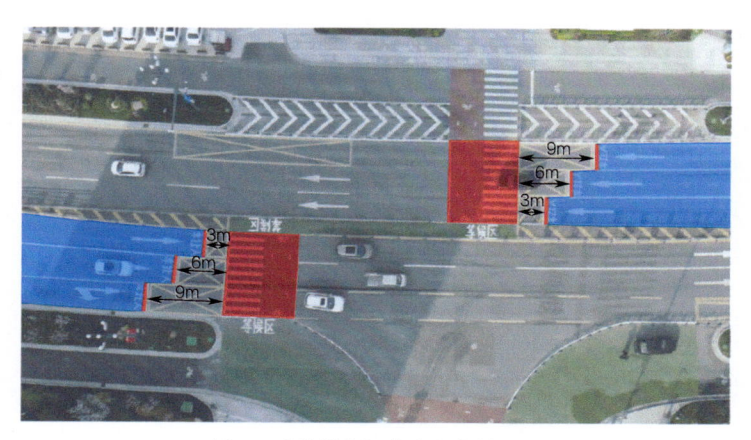

图4 "阶梯式"停止线实景图示

4. 配套设置智能交通设备

在白云中大道与南海路交叉口北进口方向增设不礼让行人违法抓拍设备，强化机动车驾驶人礼让行人、斑马线前提前减速的安全意识。

实施效果

1. 路口交通秩序更加规范

通过路口慢行交通一体化改造，运用彩色路面明确区分了行人和非机动车的过街路径，消除了两者之间过街时的相互干扰，改善了路口慢行交通过街的通行秩序。

2. 慢行交通通行更加安全

通过设置"Z"字形斑马线、增加道路中间二次过街驻足等候安全岛、"阶梯式"停止线等措施，增加了机动车驾驶人和行人的观察视距，不仅有效避免了视线盲区，还增加了反应时间，同时增大了行人过街的安全驻足空间，大大消除了安全隐患，提升了安全性（图5）。

图 5　优化后的慢行过街设置实景图示

案例点评

慢行交通过街设施的安全性提升是交通管理部门的工作重点之一。本案例通过对白云中大道与南海路交叉口行人过街设施的一体化设计，采取"错位斑马线＋阶梯式停止线＋行人和非机动车分区通行＋不礼让抓拍"等组合措施，让过街行人和非机动车"看过来、绕起来、慢下来"、让机动车"看得见、提前停"，全面提升了路口的通行秩序和安全性，优化效果较为显著。

本案例中采取的错位斑马线、阶梯式停止线、非机动车通行区、不礼让抓拍等措施，设置方式简单、实用性较强，但能够显著提升慢行交通过街设施的通行安全，这些措施可供类似的主干路路段过街设施一体化设置参考借鉴。

巧用桥底空间实施错位通行提高路口通行效率

案例简介

高架桥下信号灯控路口在大城市较为普遍，在交通组织与管理上存在一定的难度。位于广州市番禺区的番禺大道－富华路路口为高架桥下灯控路口，该路口上方的迎宾高架桥横跨路口南北向，路口中心处立有一个高架桥桥墩（图1）。路口附近多为商业住宅区，人流密集、车辆众多，交通压力巨大。本案例通过采取"简化流向＋错位通行＋精细配时"等优化措施，有效减少了安全隐患，提升了道路通行效率。

图1 番禺大道－富华路交叉口地理位置示意图

现状及问题分析

该路口为十字路口，由于位于高架桥下，路口中间设有桥墩，进出口间距较大。在桥墩处又增设信号灯组，对东西向车流进行二次控制，现状信号控制方案如图2所示。为避免桥下排队积压车流回溢影响其他流向车流通行，对原信号控制方案中 A 相位的北进口左转流向、D 相位的东进口直左流向设置了早断控制。

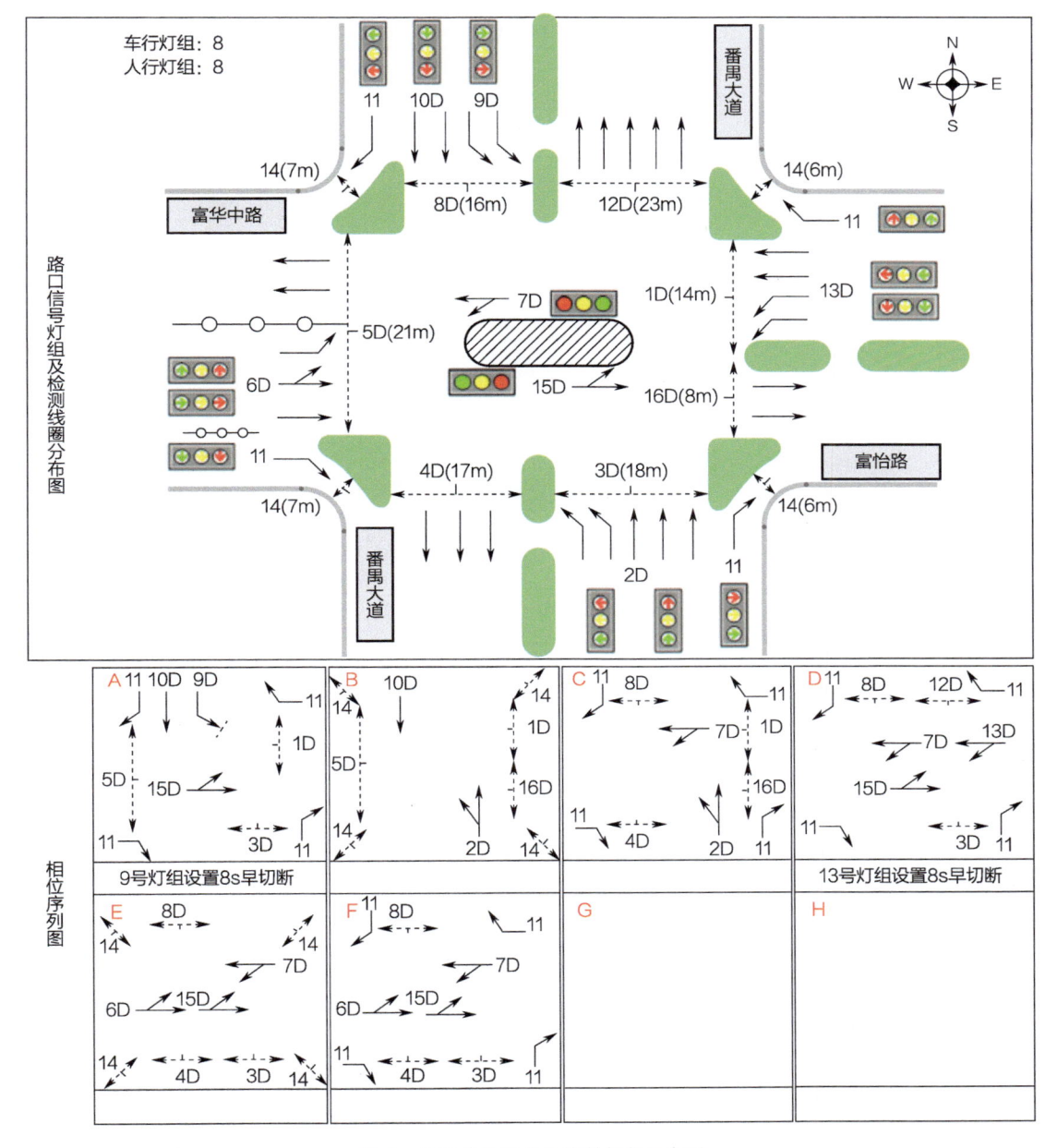

图 2 优化前路口信号控制相位示意图

路口现状存在的主要问题是：

1. 桥下左转通行效率较低，且存在安全隐患

受高架桥墩的影响，东西左转车辆需要先直行通过桥墩后才能左转，造成桥下东西向左转车流通行缓慢，逆行现象时有发生，存在一定安全隐患（图3、图4）。

图3　优化前桥下标志标线示意图

图4　优化前桥下左转车辆逆行示例

2. 通行需求大，通行效率低

高峰时段各流向交通流量均较大，而桥下空间有限，通行效率较低，各方向均有排队较长情况（图5、图6）。

图5　优化前晚高峰南进口车流排队示例

图6 优化前东进口左转车流排队示例

优化思路

针对路口存在的问题，从交通组织、信号控制、交通诱导3个方面进行精细化调整。

- 实施禁行，提高放行效率。对流量较小的左转车流，考虑实施禁左方案，左转车流在直行通过路口后掉头实现左转，以提高其他方向的进口绿信比。
- 规范行车路径。针对桥下左转车辆逆行现象，重新划分桥下车道，充分利用桥下空间实施错位借道左转，提高路口通行效率。
- 优化控制方案。根据各时段各进口流量变化，通过重新划分时段、调整各时段相位配时和放行顺序等措施，优化信号控制方案，提升信号控制效率。

优化措施

1. 南进口禁止机动车左转

针对南进口左转流量较小的情况，结合路口其他车流及周边路网情况，对南进口左转实施禁行，引导原左转车流到压力相对较小的、相距约为264m的下游路口（番禺大道与东环交叉口）掉头绕行，实施后对路口及周边路网整体影响较小（图7、图8）。

图7 番禺大道－富华路交叉口南进口设置禁左标志示例

171

图 8 禁左后原左转车流直行掉头路线示意图

2. 桥下设置南北向错位左转车道

针对桥下东西向左转车流逆行现象,结合桥下现状道路宽度,对车道进行重新划分,将东西向左转车道由原先设在桥墩右侧改为设在桥墩左侧,两股左转车流按左转信号通行(图9)。

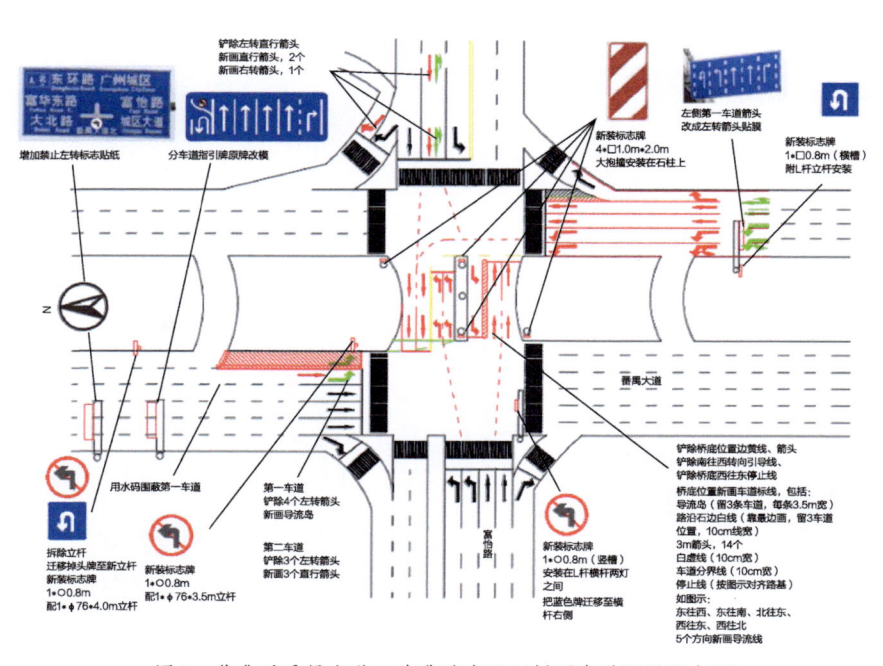

图 9 优化后番禺大道-富华路交叉口桥下车道设置示意图

3. 结合交通组织优化措施调整信号控制方案

结合上述禁止左转、左转车道错位设置两项交通组织优化措施，调整设置信号控制相位相序：一是 B 相位南北直行时北进口左转提前进入桥下，二是 C 相位北单放时东进口直行提前进入桥下，三是在清空时间内对 C 相位 1 号灯和 7 号灯早切断 3s，以适应不同时间段车流变化情况，提高路口整体通行效率（图 10、图 11）。

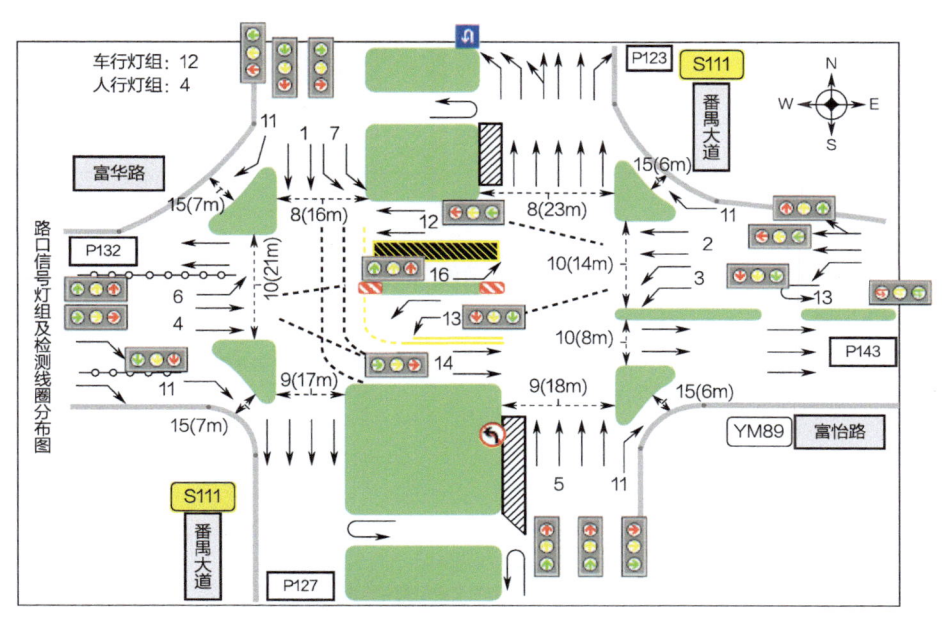

图 10　番禺大道－富华路交叉口渠化及信号灯设置示意图

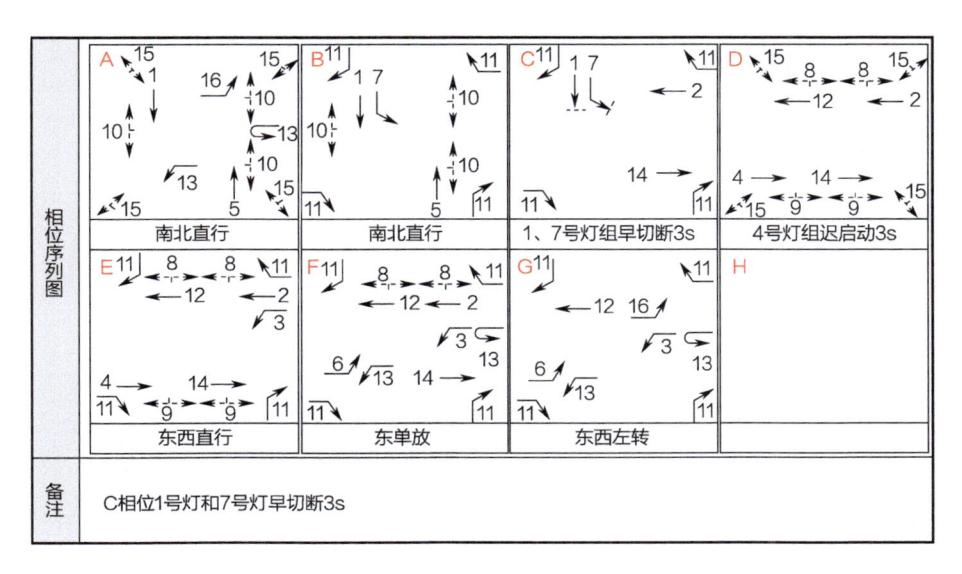

图 11　优化后番禺大道－富华路交叉口渠化信号放行相位示意图

根据交通流量的变化情况，将全天重新划分为 7 个时段，执行 4 个信号控制方案，见表 1。

表 1　分时段配时方案

序号	开始时间	结束时间	方案号	方案备注	相序	周期	A相位配时	B相位配时	C相位配时	D相位配时	E相位配时	F相位配时	G相位配时
1	00:00	06:00	1	低峰	A-B-C-D-E-F-G	127	14	25	20	13	15	15	25
2	06:00	07:00	2	平峰	A-B-C-D-E-F-G	159	14	30	33	13	15	28	26
3	07:00	09:30	3	早高峰	A-B-C-D-E-F-G	201	14	45	45	13	23	23	38
4	09:30	17:00	2	平峰	A-B-C-D-E-F-G	159	14	30	33	13	15	28	26
5	17:00	20:00	4	晚高峰	A-B-C-D-E-F-G	210	14	47	74	13	20	19	23
6	20:00	22:00	2	平峰	A-B-C-D-E-F-G	159	14	30	33	13	15	28	26
7	22:00	23:59	1	低峰	A-B-C-D-E-F-G	127	14	25	20	13	15	15	25

4. 完善交通标志标线及信号灯设置

由于交通组织较原先变化较大，且左转车道设置与市民日常出行习惯有较大差异，南北向交通流特别是左转车流需要按信号灯分段通行，为清晰提示交通参与者车道设置、信号控制等的变化，根据交通组织的具体情况，增设相关的交通标志标线和信号灯（图12、图13）。

图 12　东进口增设标志实景

图 13　西进口增设标志实景

实施效果

通过大数据平台分析可见，交通组织优化措施实施后，该路口通行效率得到了提升。

早高峰各进口服务水平和排队长度均有改善，整体拥堵指数降低55%，排队长度的优化率高达66%（表2）。

表2　番禺大道-富华路交叉口优化前后早高峰运行指标对比

	改造前早高峰	改造后早高峰	优化率
拥堵指数	82.78	36.97	55%
排队长度	215m	74m	66%
停车次数	1.2次	0.7次	42%
服务水平	F	D	

平峰时段路口优化效果小幅提升，其中停车次数降低了38%，而排队长度也比以往减少了26%（表3）。

表3　番禺大道-富华路交叉口优化前后平高峰运行指标对比

	改造前平峰	改造后平峰	优化率
拥堵指数	46.91	34.16	27%
排队长度	106m	79m	26%
停车次数	0.8次	0.7次	38%
服务水平	D	C	

晚高峰整体运行情况相比早高峰改善效果稍逊，但拥堵指数和排队长度的优化率均达到了50%以上（表4）。

表4　番禺大道-富华路交叉口优化前后晚高峰运行指标对比

	改造前晚高峰	改造后晚高峰	优化率
拥堵指数	96.51	42.03	57%
排队长度	222m	112m	50%
停车次数	1.1次	0.7次	36%
服务水平	F	D	

案例点评

高架桥下路口在城市道路中较为常见，其主要特点是路口空间大，路口内多设有桥墩，导致交通流线复杂、信号控制困难，存在较大安全隐患。本案例根据道路实际情况，通过巧用桥下空间、左转错位通行、调整信号控制等措施，充分利用道路空间资源，最大限度地降低了道路"先天缺陷"带来的影响，从而有效提高路口通行效率。同时，完善了标志、标线、信号灯的设置，向交通参与者提供清晰明确的交通指示信息，最大限度地减少因交通组织优化措施的实施产生的通行习惯改变而带来的安全隐患。

　　高架桥路口的交通组织难度大的原因，是因高架桥的建设可能会导致路口形状改变，桥墩设置增加了交叉口的复杂性，对交叉口内的交通流线走向带来改变。在高架桥前期的规划设计阶段，建议考虑地面路口的交通组织进行同步设计，避免一些源头性问题造成后期管理难度加大。这个案例也给出了一些启示，此类路口在改善时，首要是要梳理清各方向通行需求、通行习惯及行驶轨迹，才能分析出引发交通冲突和违法的原因，保证优化效果的呈现。

片区交通组织

老城区学校接送系统优化

桥梁周边交通组织优化

学校接送车辆停车组织优化

老城区学校接送系统优化

案例简介

城市老城区学校由于前期未规划学生接送系统,加之老城区的道路交通资源有限,上下学期间交通拥堵、秩序乱已经成为常态。本案例通过接送空间挪移,实现了接送双循环,有效缓解了该区域的交通压力,提高了接送效率,保障了交通秩序。

现状及问题分析

衢江一小位于衢州市梅林路与商锦路交叉口附近,周边分布有居住小区和沿街商业(图1)。梅林路、商锦路路幅较小,均为双向2车道,机非混行,部分路段设置有平行式停车位。学校沿梅林路向南,有一个五路交叉的畸形路口。在高峰期间,区域内居住小区进出交通、学校接送交通、通勤交通三者叠加,导致拥堵现象十分突出。

图1 衢江一小区位情况

1. 高峰期间交通流量大

衢江一小周边有美丽东城、航民望江园、铭豪庄园、衢东御园、圣效大酒店、天衢幼儿园、临江幼儿园等高出行率用地，进出交通需求大。梅林路－振兴西路－江滨西路路段虽然道路较窄，但却是衢州市区组团和衢江经济开发区之间的一条通勤通道，因此通过性交通流量大（表1）。

表1 梅林路高峰时段交通流量统计

序号	时间段	方向	交通流量/(pcu/h)
1	早高峰	南向北	551
2		北向南	282
3	晚高峰	南向北	324
4		北向南	196

2. 交通基础条件差

商锦路路面宽度为5.5~7.5m，受红线宽度限制，无拓宽条件。现状为机动车由西向东单行，行人和非机动车混行，道路东端连接至停车场。

梅林路路面宽约10m，无拓宽条件，现状为双向2车道，机非混行，途径小区路段处设置有路内停车位。

大桥路路面宽约7m，无拓宽条件，现状为双向2车道，机非混行，部分路段沿路侧设有嵌入式垂直车位。

航民路路面宽约6.5m，无拓宽条件，现状为双向2车道，机非混行，部分路段设有平行式车位。

梅林路、大桥路、航民路相交，成为不规则的五路交叉口，冲突点多，高峰拥堵严重。

3. 接送秩序混乱

学校接送车辆主要在梅林路临时停靠，导致道路拥堵。部分车辆就地掉头，进一步加重了拥堵。由于道路沿线缺乏隔离，家长、学生随意过街，电动车随意横穿，导致道路横向干扰严重，秩序混乱。

4. 停车资源利用率低

虽然学校西南角为临江停车场，共有90个泊位，但因道路单行限制，接送车辆如在该停车场停放后，还要步行一段距离才能到达学校，因不够便利，该停车场的利用率不高，大部分家长仍选择占道停车。此外，在梅林路与商锦路东侧的沈家村停车场，由于出入口设置不合理，接送车辆排队溢出会堵塞出入口，进出不便导致该停车场的吸引力也较低。两停车场虽然有充足的车位资源，但是由于交通组织的不合理，导致其利用效率均不高。

5. 行人过街设施设置不合理

学生和家长过街需求大，虽然在梅林路141号和美丽东城东门门口分别设置了2条人行横道，但随意穿行情况仍然突出。并且，由于人行横道多而密，车辆频繁停让礼让行人，进一步加剧了通行延误。

优化思路

在充分调研周边停车资源分布、区域出行和停车接送需求的基础上，为缓解衢江一小周边停车难、接送秩序乱、交通压力大等问题，分别从接送路线优化、交通设施整合、交通压力疏解等方面，提出改善措施：

> 借用路外停车空间建立接送通道，腾空道路资源，减少交织冲突。
> 利用外围诱导，引导过境交通绕行，实现路网分流，均衡区域交通负荷。
> 结合区域停车资源分布，调整单行方向，方便接送车辆停泊，引导车辆有序停放。

优化措施

1. 调整单行方向，分解交通压力

为引导车辆方便进入周边停车场，提高社会停车场的使用效率，将商锦路西向东单行调整为由东向西单行。

同时，在外围道路上增设引导标志，提示过往车辆在上下学期间绕行其他道路，并配套改造周边分流路网，为绕行提供便利，进而减轻本片区交通压力。

2. 充分利用路外空间，构建双循环接送通道

利用停车场内部道路设置接送通道，将部分停车矛盾转移至路外，尽可能保证道路通行顺畅（图2）：

图2 治理后"双循环"流线

- 北向南来车，利用学校门前接送区域下客，接送车辆可通过商锦路，单行进入临江停车场或驶离，避免过长时间占用道路资源。
- 南向北来车，利用沈家停车场内部道路，实现上下车和停放。为保证沈家停车场内的人车安全，将出入口进行调整，进行了人车分流。

通过构建这两处接送循环，使得车流在交叉口和转弯处均为右转分流或合流，减少交织冲突，同时也释放出了一定的道路资源。

3. 归并人行横道，规范过街秩序

为进一步规范过街秩序，减少车辆频繁停车引发的交通拥挤问题，在综合考虑行人过街的便捷性、安全性基础上，从整体上优化梅林路人行横道布局。将梅林路分散分布的6条人行横道进行合并，挪移为3个路口处进行集中过街，在衢江一小附近设置一条智慧路段人行横道，将其打造为"车让人、人快走，人集中、一起行"的"有礼过街交通示范路"（图3）。

为提升行人、电动车驾乘人员的文明过街意识，通过悬挂设置"车让人、人快走，人集中，一起行"交通标语，发挥学校、社区作用，向学生、家长、教师、小区居民等进行宣传引导。

a）实施前　　　　　　　　b）实施后

图 3　实施前后周边通行秩序

4. 开展交通精细化管理行动，加强查处违法力度

梅林路增设智能抓拍设施，确保道路违停自动抓拍全覆盖。为保证商锦路单行路的畅通，增设逆向抓拍设备和单行配套标志，全线的乱停乱放现象基本消失。同时，为加快道路沿线不合理、不规范的停车位清理工作，建立动态巡逻和管控机制，重点整顿高峰时段乱停、乱占道行为。考虑五路交叉口的交通冲突大、早晚高峰交通流量大的问题，设置早晚高峰岗，加强指挥引导。

5. 广泛宣传，推进"校警社"共治

为保证新的交通组织方案能够平稳过渡、发挥效能，在实施前加大了宣传力度，利用学校、社区、交警媒体及时进行发布，引导家长按照既定方案通行。为保证措施持续性，采用了"学校监督＋交警执法"相结合的方式，实施长效动态管理，形成良好共治局面（图4）。

a）实施前　　　　　　　　　　　　　　b）实施后

图 4　实施前后周边停车秩序

案例点评

衢州一小位于老城区中心位置，周边分布了大量小区、商业体，交通出行量大、交通资源有限，加之临近畸形路口，加剧了管理难度。当地交警部门打破传统思维，积极向路外寻求资源，利用停车场构建接送空间，将接送需求转移到路外，将路内资源释放给通行车辆，不仅提高了通行效率，也规范了接送秩序。针对行人、电动车随意穿行、干扰交通的问题，本案例采用集中过街方式，不仅规范了过街秩序，提升了安全性，还解决了车辆频繁停让造成的通行效率低的问题。

学校接送期间引发的停车需求，具有临时性和一过性特点，而且时间段相对固定。本案例就根据这一特性，利用同一时间段的空闲社会停车资源打造接送通道，通过空间挪移不仅缓解了停车矛盾，也有效提升了道路通行效率。当然，使用此方法存在一定的局限性，即周边需要有可利用的社会资源。但这也启示我们，在交通改善优化时，应积极地协调更多社会资源来参与其中。但是，本案例还可以考虑建设连接停车场至学校的护学通道，利用社会停车场停放定制化接送公交、校车等方式来构建安全的公共交通接送系统，这样不仅能解决群众接送需求，还能有效解决周边交通拥堵问题。

桥梁周边交通组织优化

案例简介

　　跨河桥梁是临水城市不同片区连接的枢纽，承载了大量通勤、生活交通。随着机动化出行增加，桥梁逐渐成为城市交通瓶颈，与其相连接的沿河路、片区也成为城市交通的新堵点。公安交管部门通过对桥梁及周边道路实施定向车道、匝道车道调整、交替放行、限时通过等优化措施，进行车辆分流，有效提高了通行效率。

现状及问题分析

　　武汉的汉江大道是连接开发区、汉阳、硚口、江汉、东西湖的重要南北通道，沿线包括常青高架、宝丰高架、月湖桥、江城大道等路段。其中，月湖桥是跨江段，南起武汉二环线，上跨汉江大道，北至硚口路辅路，承担了南二环线和汉阳地区到硚口地区转换的过江交通。月湖桥主桥全长370m，桥面为双向8车道，属于城市快速路，设计速度60km/h（图1、图2）。

图 1　月湖桥区位

图 2　月湖桥优化前实景

汉江大道改造后，硚口端上下月湖桥通行能力较建设前减少了 2/3。在北二环线至沿河大道 5km 范围内仅有解放大道匝道、中山大道匝道 2 处上下匝道，过境交通功能加强，但到达功能明显削弱。月湖桥由桥南汉阳区往桥北解放大道方向缺少向西匝道，车辆需通过地面转换。由此带来的主要问题有：

1. 总体流量饱和，关键匝道交织严重

多数路段或匝道饱和度位于 0.8~1.15 之间，交通拥堵现象明显。沿线共有 5 个上下匝道且各匝道流量大多在 1100pcu/h 左右，主线受匝道进出车辆干扰严重（图3）。

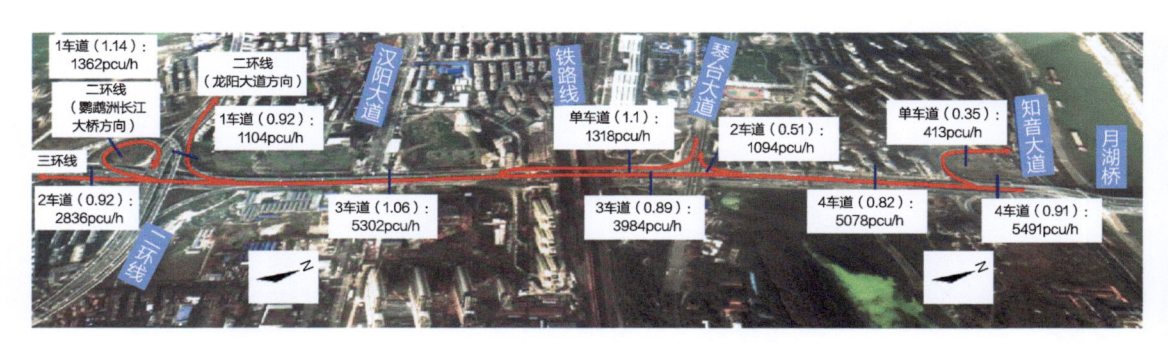

图 3　道路沿线交通流量分布示意

1）桥梁北段的中山大道下桥匝道高峰时段流量 1259pcu/h，饱和度达到 1.05；上桥匝道高峰时段流量 1560pcu/h，饱和度 1.3；上下匝道高峰期呈现严重拥堵。解放大道下桥匝道由于车道减少，多车道合流造成车辆交织严重（图4）。

图 4　桥北侧端沿线匝道流量分布（pcu/h）

2）在桥南段的汉阳段，主道及匝道饱和度较高，基本位于 0.8~1.15 之间，拥堵现象明显。

2. 结构性瓶颈严重

1）中山大道、解放大道、琴台大道、二环线（墨水湖北路）上桥匝道与汉江大道主线合流时车道变少，形成瓶颈。

2）中山大道下桥匝道落地点距离中山大道－硚口路环岛仅 60m，下匝道与地面车辆交织，形成堵点。

3）中山大道硚口路、京汉大道硚口路路口流量均饱和，且间距仅 180m，存在车辆排队溢出现象（图5）。

图 5　中山路上下匝道拥堵

185

4）省第三人民医院坐落在中山大道上，距离中山大道－硚口路路口仅180m，就医车辆及行人聚集且缺乏分流通道，通行能力有限（图6）。

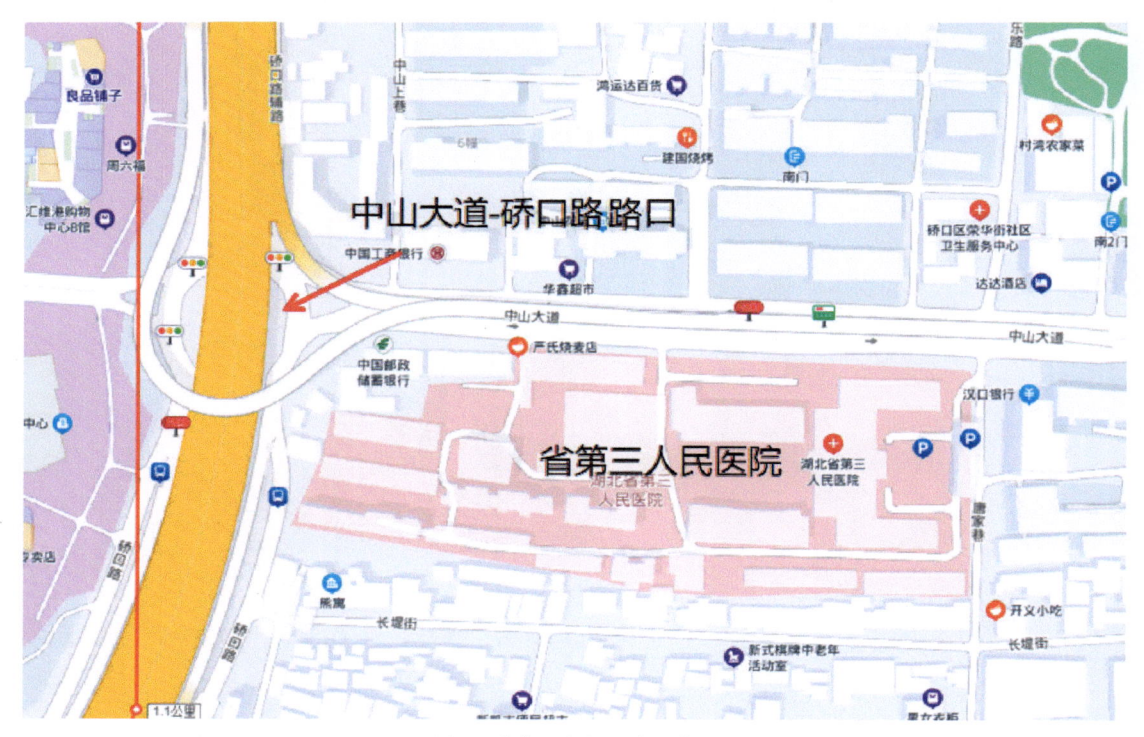

图6 省第三人民医院区位图

优化思路

- 针对合流点车多路少交织严重问题：一是压缩主路车道，在合流点前提前减少主路车道数，并在合流点后设置实线段禁止车辆随意变道，保证车辆安全汇入；二是根据匝道流量需求优化匝道车道分布，采用交替通行模式，规范汇流秩序。
- 针对上下匝道饱和、出入匝道困难问题：设置定向车道，减少不同流向车辆的交织，提高规定方向车辆通行效率，保证出入匝道及主线特定方向车辆优先通行。
- 针对周边节点饱和问题：禁止交叉口部分流向通行，减少车辆交织，对路口进行信号优化，提升通行效率。

优化措施

1. 设置定向车道，减少交织，提高效率

分别在中山大道上桥匝道、中山大道下桥匝道、解放大道下桥匝道、解放大道－崇仁路段、江城大道段（月湖桥至二环线方向）设置5处定向车道，如下所示：

- 中山大道上桥匝道：提前200m将主线4车道压缩为3车道，保障上桥匝道1车道，合流点后设置100m实线，分隔主线与上匝道车辆，保障匝道车辆快速进入主线（图7）。

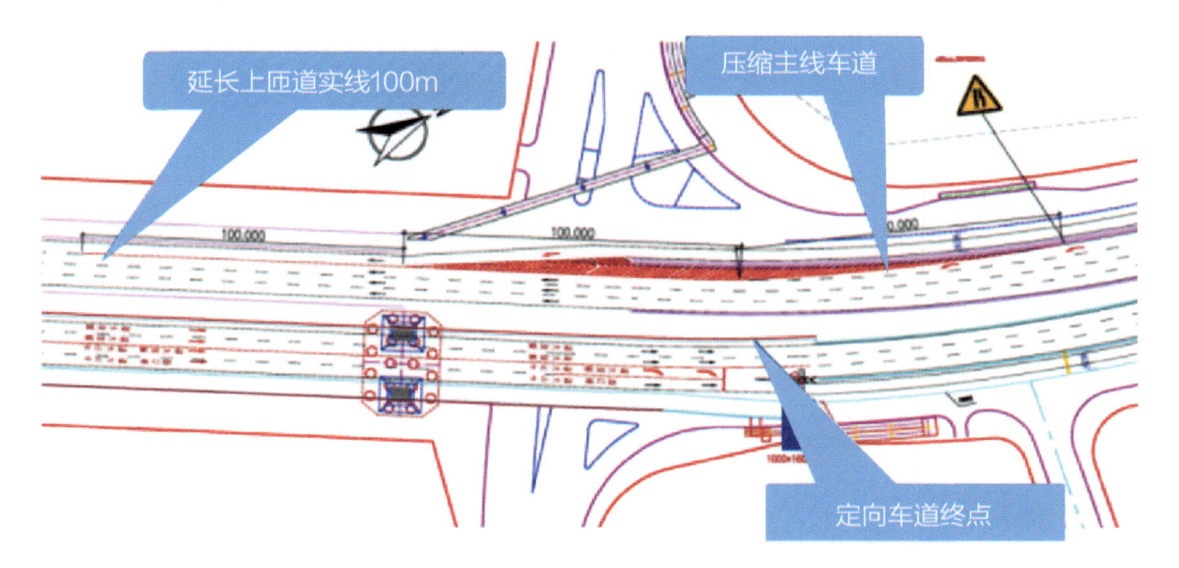

图 7　月湖桥北端定向车道

- 中山大道下桥匝道南向北：设置月湖桥下中山大道定向车道，起点设在汉阳硚口，终点位于中山大道分流点处，保障下匝道车辆快速放行（图8）。

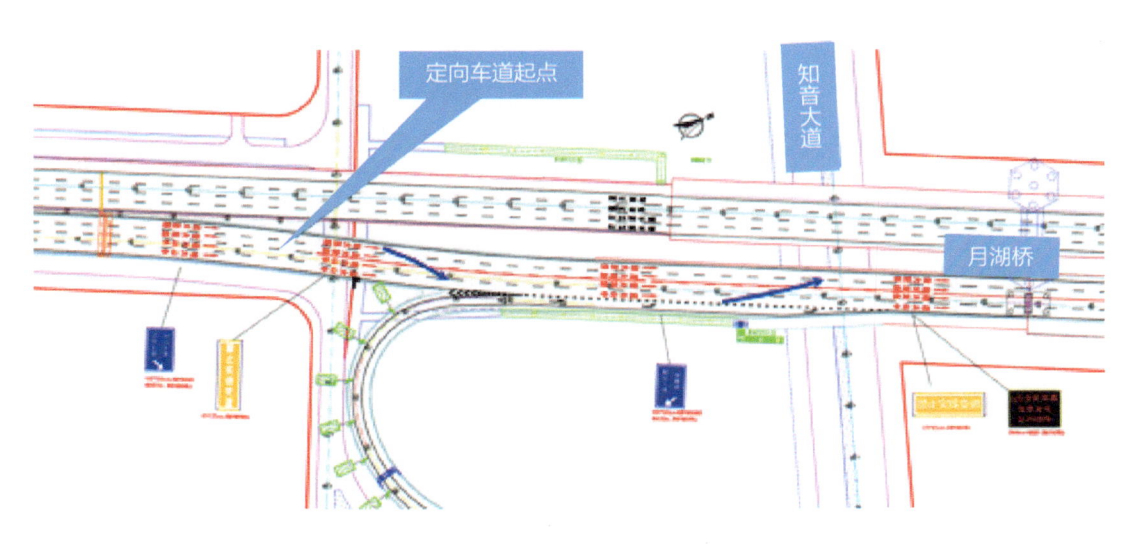

图 8　月湖桥南端定向车道

- 解放大道下桥匝道：设置解放大道下桥定向车道，起点设在解放大道匝道前400m左右，终点位于解放大道分流点处，保障下匝道车辆快速放行（图9）。

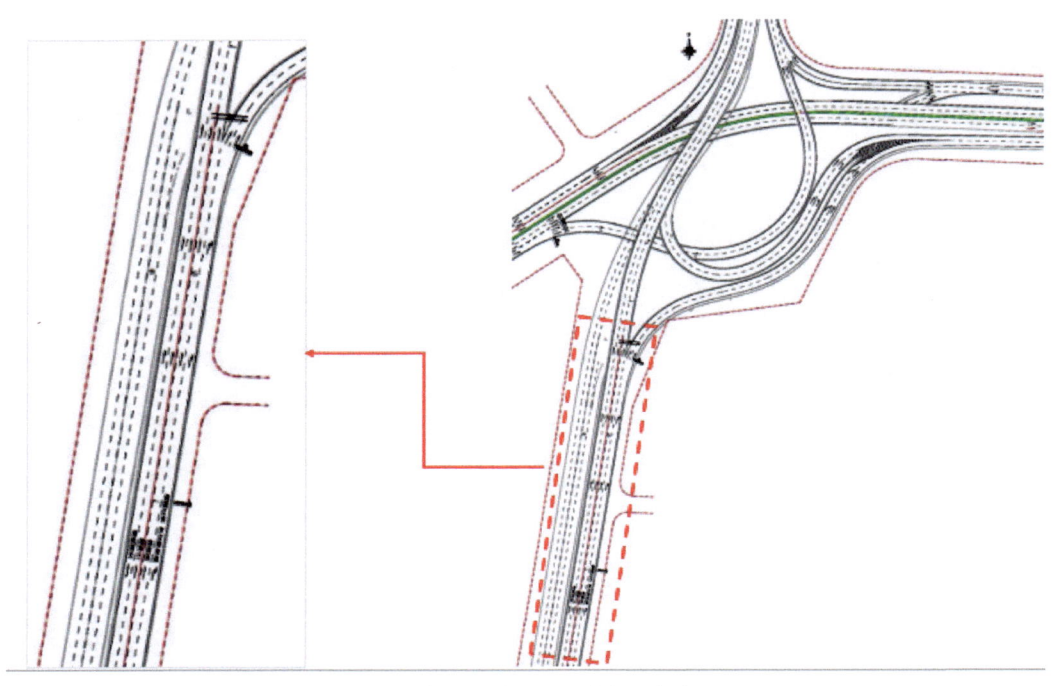

图 9　解放大道下桥匝道定向车道

➢ 解放大道－崇仁路段：设置解放大道高架下桥定向车道，禁止下桥车辆往崇仁路，减少与地面车辆交织（图10）。

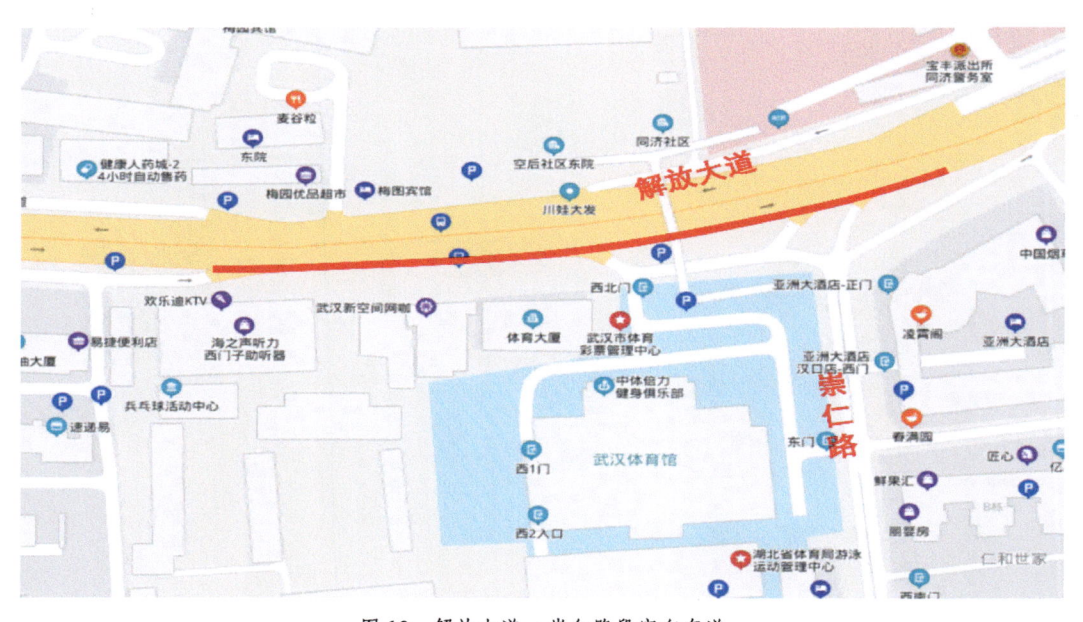

图 10　解放大道－崇仁路段定向车道

➢ 江城大道段：设置江城大道（月湖桥至二环线方向）定向车道，下知音大道匝道至下琴台大道匝道处，中央施划虚实线，保障主线快速通过（图11）。

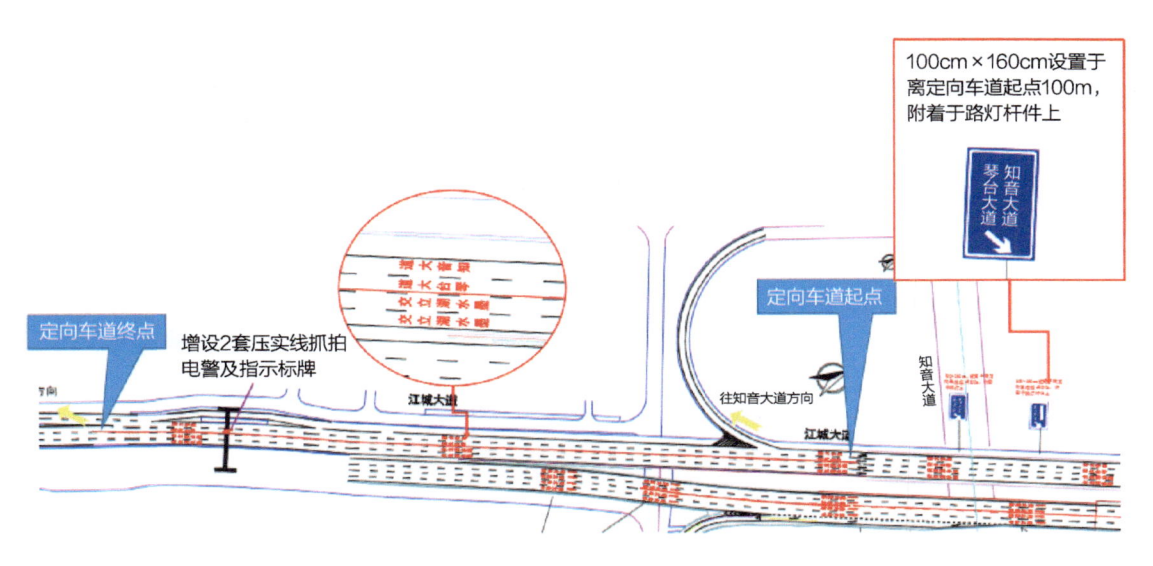

图 11　江城大道定向车道

2. 优化匝道车道布置，采取交替放行模式

对由月湖桥方向下解放大道匝道、由范湖方向下解放大道匝道采取交替放行，减少匝道瓶颈冲突；解放大道下桥匝道车道调整为 2 车道，主线车道压缩为 1 车道，保障流量与车道匹配，提高下桥效率（图 12）。

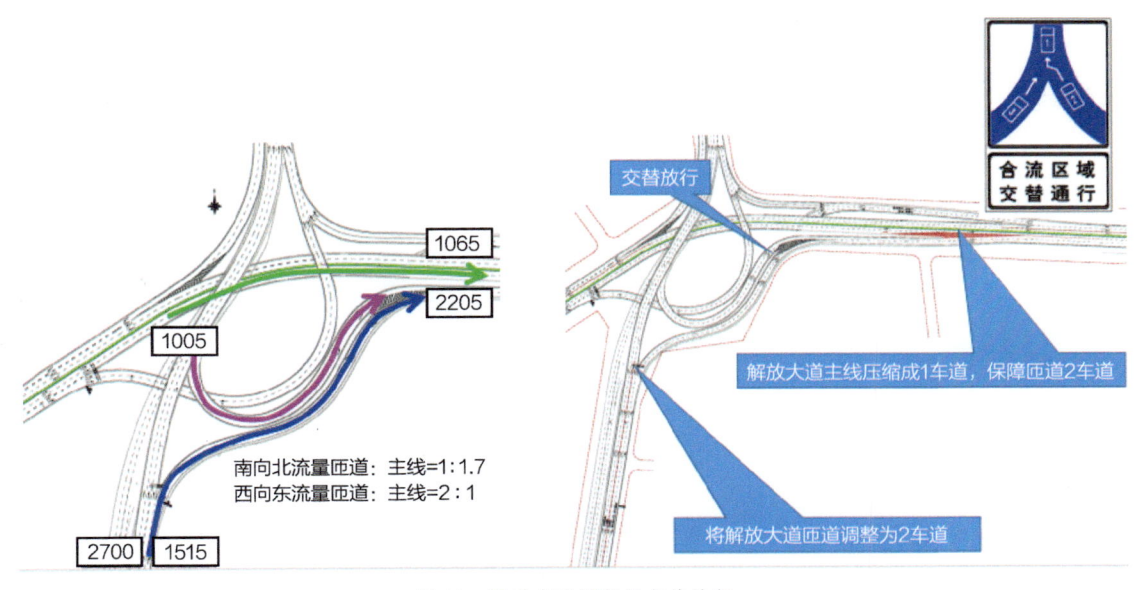

图 12　匝道车道调整及交替放行

3. 优化衔接路口交通组织

封闭月湖桥中山大道下桥匝道，禁止沿河大道至中山大道车辆左转，通过解放大道、武胜路绕行，并完善配套抓拍设备加强禁左管理。优化中山大道硚口路信号配时，提高下

匝道放行效率。中山大道北边公交站向东迁移至硚口公园，迁移距离 200m 左右，减少对道路通行的影响（图 13、图 14）。

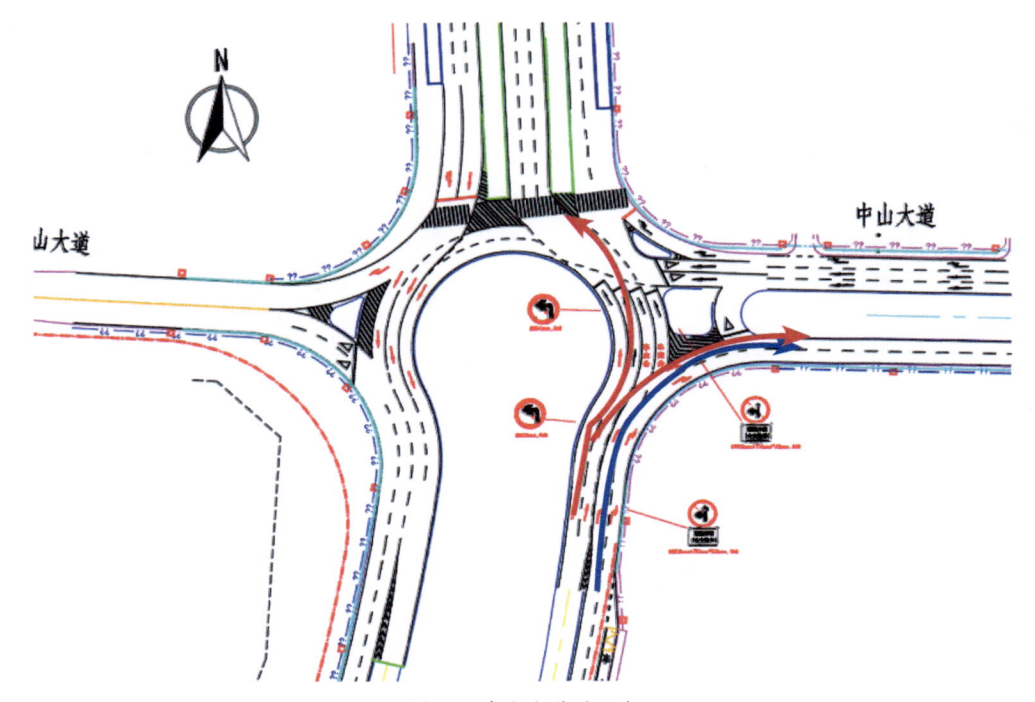

图 13　中山大道硚口路

图 14　公交站台迁移

4. 医院门前实施限时通过措施

临时拓宽中山大道下匝道下方的地面辅道空间，在医院门段采取限时通过措施，限时 3min。在方便市民就医的同时，减少停车对中山大道通行影响（图 15）。

同时，优化医院进出口及内部交通组织。协调医院将现状出入口调整至唐家巷附近，完善医院内部进出交通流线组织及指引信息（图 16）。

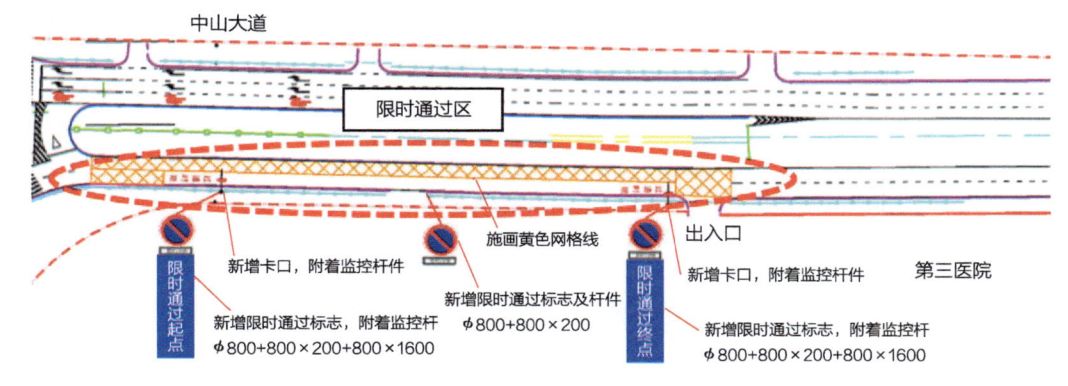

图15　第三医院门前路段管理

图16　医院交通组织优化

实施效果

优化方案实施后，各项交通运行指标均有比较明显的提升。优化后的月湖桥（汉阳往硚口方向）、江城大道（南往北）拥堵程度下降显著，高峰期由严重拥堵下降至中度拥堵，拥堵指数下降16%~20%，平均运行车速提升18%~24%。早晚高峰月湖桥、解放大道高架、宝丰高架及周边中山大道、硚口路、江城大道，拥堵均有不同程度缓解（表1、表2）。

表1　月湖桥及周边道路（高架层）高峰期拥堵指数

道路（高架层）	改善前	改善后	对比
月湖桥－南向北	2.06	1.97	−4.4%
月湖桥－北向南	3.99	3.16	−20.8%
宝丰路高架（硚口路至范湖立交）	1.58	1.47	−7.0%
宝丰路高架（范湖立交至硚口路）	1.14	1.14	0
解放大道高架（汉西路至崇仁路）	1.79	1.49	−16.8%
解放大道高架（宝丰路至汉西路）	1.67	1.51	−9.6%

表2　月湖桥及周边道路（地面层）高峰期拥堵指数

道路（地面层）	改善前	改善后	对比
硚口路（中山大道至解放大道）	1.38	1.31	-5.1%
硚口路（解放大道至京汉大道）	1.64	1.47	-10.4%
硚口路（京汉大道至沿河大道）	2.79	1.94	-30.5%
中山大道（胜利街至云锦路）	1.78	1.55	-12.9%
中山大道（云锦路至胜利街）	1.51	1.43	-5.3%
江城大道地面段（二环线至月湖桥）	2.32	2.05	-11.6%
江城大道地面段（月湖桥至二环线）	1.54	1.51	-1.9%

案例点评

本案例针对月湖桥及两端节点拥堵、车流交织等问题，结合桥体结构，通过定向车道、调整车道布设，减少交织冲突，保障上下桥车辆快速通过，提升主线车流通行效率和下匝道放行效率。同时，结合地面交通运行特征，通过实施禁行、限时通过等措施，提高地面交通疏散速度，为下匝道交通提供承接的地面空间，也有利于桥面的交通疏解。方案实施后，汉江大道主线通行效率得到显著提升，证明了方案的可行性、科学性。

案例中所提及的定向车道，是供特定方向行驶的专用车道，多使用在交织冲突严重、匝道间距较短、特殊匝道接入等存在车辆频繁变道的区域。该车道通过提前分离各流向交通流来避免交织冲突，规范路段通行秩序，是保证快速路进出匝道有序性的有效手段，目前在重庆等城市也有所应用。为了保证定向车道的使用效果，可在车道入口、路段中或车道上方，通过敷设彩色路面、地面标记以及设置指引标志等方式，明确告知匝道的通行方向，使其与其他车道进行区别，保证驾驶人能够准确驶入。定向车道在设置时，还应配合匝道车道布设和控制方式、下匝道衔接地面路口交通组织等措施，以便精准确定车道前方指向目的方向和车道数量。

学校接送车辆停车组织优化

案例简介

停车难一直是学校上下学期间的接送难点问题，如何提高接送效率、缓解停车需求矛盾是解决好学校周边交通组织的关键。大庆市第一中学校采用"错时＋蓄水式停车"的管理手段改善校门前交通拥堵难题，有效缓解了该区域的交通压力，提高了接送效率，保障了交通秩序。

现状及问题分析

大庆第一中学是一座历史悠久的学校，是大庆市首批重点中学之一。学校位于让胡路区中原路与新城北街交叉口西北角，如图 1 所示。世纪大道、龙十路是通往龙凤区、萨尔图区的主要通道，新城北街是南北方向主干路，道路交通流量均比较大，加之附近还建设有多个住宅小区，因此该区域日均生成与吸引交通量比较大，特别是在放学期间，交通拥堵程度进一步加剧。交通改善前，该区域的主要问题有：

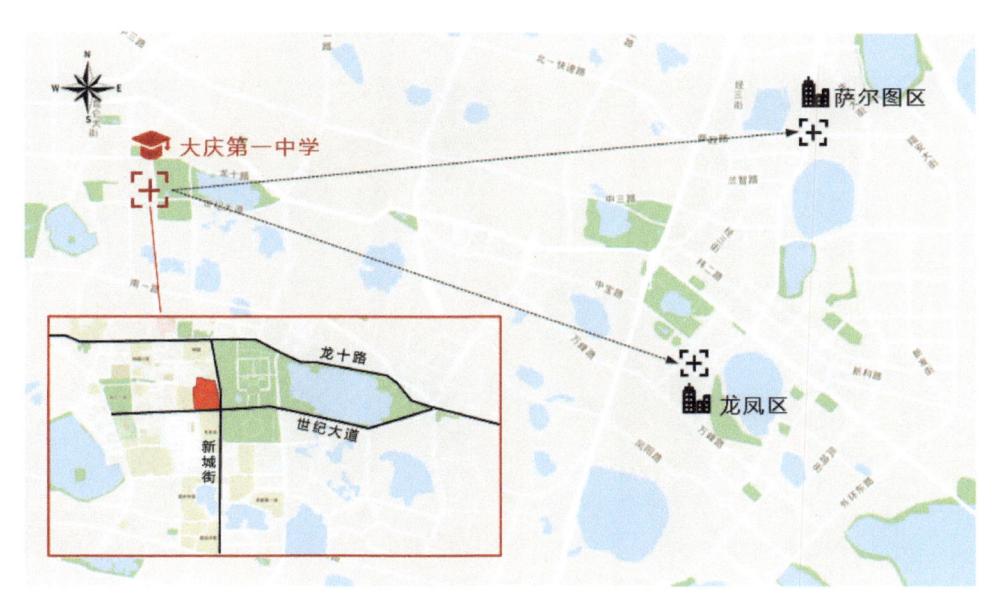

图 1　大庆第一中学位置

1. 周边路网通达性差

学校主要出入口位于新城北街与中原路交叉口北侧 300m 处，是进出学校的唯一通道。该区域内各道路之间缺乏连接通道，路网通达性较差，新城北街车辆无法快速疏散，造成交通过度聚集，导致新城北街的交通压力巨大（图 2）。

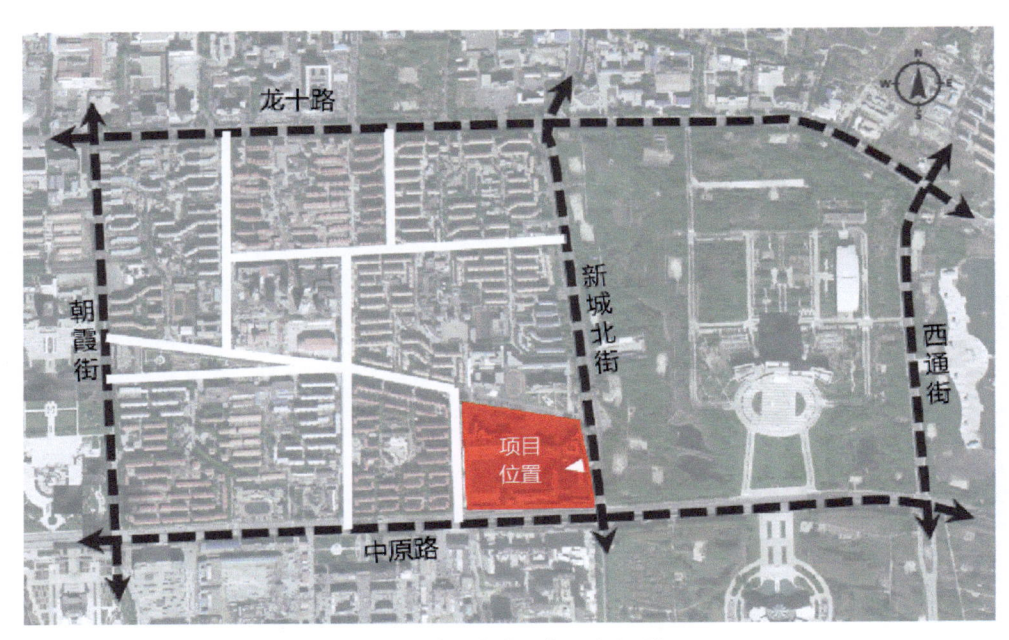

图 2　大庆第一中学所在区域路网概况

2. 接送车位供给不足

经调查，放学期间接送学生车辆约为 280 辆，但周边现状车位供给仅为 150 个。停车位缺口较大，造成乱停乱放现象严重，停车秩序混乱（图 3）。

图 3　无人机航拍现状停车情况

3. 停车资源无效管理，随意被占用

校车没有固定的停放区域，随意停靠干扰了主路正常通行。学校内部未为学校教职工车辆提供停放区域，占用了校外的停车资源。此外，周边的多个大型住宅小区居民也经常占用新城北街路侧停车，导致本就捉襟见肘的停车资源更是雪上加霜（图 4、图 5）。

图 4　校车随意停靠，阻塞交通　　　　　　　图 5　居民占道停车

4. 占道经营阻碍交通

放学期间，学校门前存在商贩占道经营情况，严重影响车辆正常通行（图 6）。

图 6　商贩占道经营

5. 信号配时未能及时调整

放学期间交通流量较大，但是信号灯路口仍采用常规配时，未能根据流量变化进行调整，导致路口的通行效率慢，拥堵消散缓慢。

优化思路

- 不同年级实施错时放学，从时间上分离交通压力。
- 采用蓄水式停车，在主线车流不受影响前提下，挖掘学校周边停车资源。
- 合理规划停车空间，明确不同类型车辆停放区域，设置校车专用停车位。
- 利用交通设施，明确不同车流行车通道，有效分离通过车辆和接送车辆。

> 根据交通流量的动态变化，优化信号灯配时方案。
> 加强现场交通管理，合理进行宣传引导。

优化措施

1. 调整不同年级放学时间

第一中学共设有 6 个年级，其中初中部 3 个、高中部 3 个。通过协商，根据不同年级的学业情况对放学时间进行了规划调整，实现错时放学，以避免接送车辆集中聚集。目前，共分为 3 个时间段，具体时间详见表 1。

表 1　各年级错峰错时放学时间

序号	年级	时间
1	初一、初二	16:30—16:50
2	高一、高二	16:50—17:10
3	高三、初三	17:10—17:30

2. 利用空间设置蓄水式停车位

因学校门前有足够的空间，利用该空间区域设置蓄水式停车位，并合理规划车辆的进出通道。接送学生车辆从通道进入停车场，按照指示方向到达车位停车等待，结合错时放学时间，实现"即接即走"。蓄车区域共设置停车道 9 排，挖掘了停车位 53 个（图 7）。

图 7　蓄水式停车位方案

3. 合理规划停车区域，最大化保证停车位供给

1）将新城北街道路东侧空地设置为教职工停车区，共设计车位42个。
2）根据校车通行方向，设置校车专用停车位7个，其中道路西侧3个、东侧4个。
3）充分利用道路空间，在道路东西两侧设置双排临时停车位138个。
4）利用中央绿化带的端头空间，设置接送学生临时停车位15个（图8）。

图8 学校周边停车位设置方案

4. 实行车辆分离

结合蓄水式停车位、接送通道的设计，对学校门前标线重新渠化，利用隔离栏对接送车辆和通过车辆进行物理分流，减少了接送车辆随意停放、进出主路随意变道对主线正常通行的干扰，在保证主线车辆通行效率的同时，保障了通行的有序性和安全性（图9）。

图 9　过境车辆与接送车辆分流方案

5. 增加放学期间专用信号配时方案

选取 16:50—17:30 作为放学期间信号控制时段，对世纪大道与新城北街交叉口信号配时进行了优化，增加放学期间的专用配时，保证新城北街方向车辆快速驶离（图 10）。

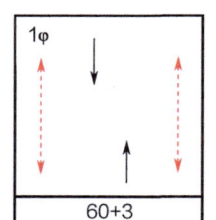

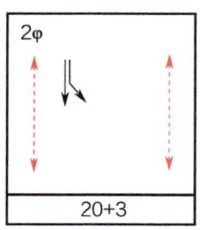

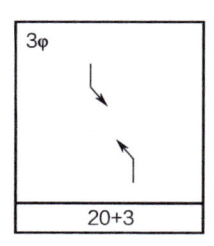

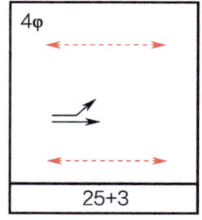

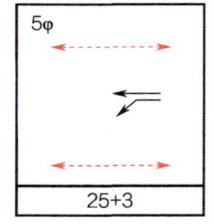

图 10　项目交叉口相位相序

6. 加强管理及宣传引导

在学校区域增加警力，加强放学期间的交通疏导与秩序管控工作；联合城管部门加强对学校门前区域的巡查，及时清理占道经营商贩；通过微信、广播等形式提前告知家长接送车位分布、组织情况，加强引导，规范停车。

实施效果

通过以上措施，有效缓解了晚高峰学校接送期间的交通拥堵（图11、图12）。

1）大幅增加停车资源。通过规范停车区域，挖掘周边空闲资源，共增设停车位105个，增长率高达70%，其中共划分校车停车位7个、临时停车位206个及教师停车位42个。

2）通行时间明显缩短。晚高峰平均通行时间由原先的623s降低为183s，通行时间降低71%。

3）通行能力显著提升。方案实施后，过境车辆的通行得到了保障。晚高峰期间学校门前路段单向通行能力由1158pcu/h提升至1853pcu/h，增长60%。

4）事故率大幅降低。方案实施近1年内，仅出现2起轻微剐蹭的简易事故，事故率较上一年下降了80%。

图11 改造前学校门前航拍

图12 改造后车辆分区停放效果

案例点评

本案例采用"错时＋蓄水式停车"的管理措施，合理规划停车区域，充分利用道路资源，最大化保证停车位供给，降低停车压力，并通过加强学校周边停车管理与放学期间专用信号配时方案等手段，解决了大庆市第一中学校门前的交通拥堵难题，有效缓解了该区域的交通压力。

交通短时集聚性增长、停车需求短时增加、接送秩序乱是上下学期间的普遍现象，解决问题的关键是尽可能缓和供需矛盾，主要包括：有限停车资源与大量接送车辆之间的矛盾、有限的道路资源与短时间快速增长接送量之间矛盾。在本案例中，充分采用了空间和时间综合措施来缓和矛盾，取得了较好效果。除了文中所提及的方法外，推行上下学期间的公交专线，并配套设置公交专用车道以及优化票价等措施，鼓励乘坐公共交通上下学，减少私人交通工具的接送，也是非常有效的方法。另外，在挖掘停车资源的时候，要充分考虑过街的安全性，如设置护学通道等。本案例在绿化带处增设停车位，但如何过街并未提及，需要进一步优化。